無戸籍の日本人

井戸まさえ

集英社文庫

無戸籍の日本人　目次

無戸籍の日本人

本書は、二〇一六年一月、書き下ろし単行本として集英社より刊行されました。

＊本作品に登場する無戸籍者とその関係者は、一部を除き仮名です。

民法第772条（嫡出の推定）

1．妻が婚姻中に懐胎した子は、夫の子と推定する。

2．婚姻の成立の日から二百日を経過した後又は婚姻の解消若《も》しくは取消しの日から三百日以内に生まれた子は、婚姻中に懐胎したものと推定する。

はじめに

東京・巣鴨《すがも》駅を通るたびに、この風景を「彼ら」も見たのだろうか、と思う。

「彼ら」とは1988年に「巣鴨子ども置き去り事件」としてその存在が明らかになるまで、西巣鴨のマンションの一室で身を潜めて生きてきた、4人の子どもたちのことである。

「彼ら」は出生届が出されないままの無戸籍児だった。母親が子どもの数を偽って部屋を借りていたため、外出することも禁止されていた。

母親の失踪後、子どもたちだけで暮らしていることを知った大家が警察に通報。その調査の中で2歳の三女が14歳の長男の友だちに折檻《せっかん》されて死亡、遺体が雑木林に捨てられていたことが発覚する。

2004年、この事件をもとに是枝裕和監督は『誰も知らない』という映画を製作した。

行政の手も、近所の人の目も入らない、まさに「誰も知らない」状態で育つ無戸籍児たちの過酷な状況を問いかけた作品は社会に大きな衝撃を与えた。

この作品は第57回カンヌ国際映画祭ほか、国内外の映画賞を多数獲得しているので、観《み》たことのある人も多いのではないだろうか。

社会を揺るがすようなこれだけの事件が発生し、また映画となって多くの人の目に触れたはずなのに、30年近く経《た》った今もなお「無戸籍者」たちの存在は、日本社会において驚くほどリアリティを持たない。

多くの人々にとって「戸籍がある」のは当たり前のこと。

それが「ない」人たちがいて、その人たちがどんな暮らしを送っているかなど、想像もつかないのだろう。

私もそうだった。自分の子どもが無戸籍になるなんて考えたこともなかった。

そして、私のもとに相談に来る多くの人々も「そうだった」という。

「まさか、自分が」なのである。

無戸籍になる理由はさまざまだが、そこに陥るのは突然で実に簡単だと、自分が体験をしてみてつくづく思う。

自分の子どもが無戸籍になったことをきっかけに、私は13年間、無戸籍児の問題と関わり続けてきた。この間、気づけば1000人以上の無戸籍者の相談を受けてきた。中でも深刻なのが「成年無戸籍者」という存在だ。出生時に親が届けを出さず、「生まれなかったこと」にされたまま、20歳を過ぎた人をそう呼ぶ。

彼らの生きる道は過酷だ。義務教育すら満足に受けていない場合が少なくない。成人しても身分証明書がないために働く場所も限られ、給料も低く、常に貧困や暴力と隣り合わせで生きざるをえない。

そうでなくとも、悪いことをしているわけでもないのに、彼らはいつも「後ろめたさ」を抱えている。「隠れている」「隠されている」という不安は常に「誰かに追われている」という恐怖となって彼らを追い詰めていく。

新聞、テレビ、雑誌……、取材協力してきた番組（NHK『クローズアップ現代』ほか）や記事が話題になったせいか、このところ私のもとには、さまざまなメディアからの取材依頼が続いている。

無戸籍で生きる過酷さや法の不備・不足を「一刻も早く」「より多くの人々に伝える」ために最も効果的であるのはメディアに取り上げてもらうことだと思うから、一つ一つ誠意を持って対応してきた。幸いそれらの機会のおかげで、少しずつ無戸籍者の現実が世に知られるようになってきたと思う。

しかし、メディアを通じて語られる彼らの姿に確かに「間違い」はないのだが、何かこざっぱりまとまりすぎていたり、極端に一部分が強調されていたりで、彼らがようやく吐き出した言葉の重みとの差を感じることもしばしばだ。

取材の現場では、よくこんな声が出る。

「ここは放送できないですね」

「説明がややこしくなるので、読者が混乱するかも。背景はなるべくシンプルに描きましょう」

背景の複雑さはもちろんのこと、「自分を証明できない人々」を報道することは、事実誤認を招く恐れがある。また、万一でも法に抵触する可能性を考えると、取材する側にもリスクが伴う。

取材される側としても、当事者の身元が割れてしまうことだけは避けなければならない。

だから、立ち合っている私も口を挟まざるをえない。

「今の部分はカットしてもらってもいいですか？　確実に身元がわかっちゃうので」

「ここは少し設定を変えてもらっていいですか？」

必然的にある地点から先には踏み込めないのだ。

彼らの現実は置かれている状況だけで十分にドラマチックだ。戸籍を持たないという事実、親きょうだいの事情、直面する問題。さらには……。

「さらには……」

その先にはメディアでは決して語られない、そして思いもよらない、彼らの生活のリアルがある。

たとえば、煩雑な手続きや葛藤を乗り越えて戸籍を手にするまでをテレビで紹介された当時32歳の無戸籍女性、「ヒロミ」。その無戸籍女性は実は今、「男性」として生きている。「彼女」は、性同一性障がいなのだ。そして、「彼女」にはたまたま、「逆の立場」の甥《おい》がいた。

甥は、それまでの自分を捨て、戸籍上は男性のまま、女性として生きることを選んでいた。そこには使われない「戸籍」と使われていない「住民票」があった。「彼女」としてはそれは喉から手が出るほど欲しいものではあるが、さすがに手出しはできない。唯一、姉から渡された甥名義の健康保険証を握りしめて、「彼女」は甥の名前を名乗って生きるようになった。そうせざるをえなかったのだ。私のところに相談に来るまでは。

見た目も、心も、実は「男性」。性別も超えて、他人の名前で生きている「彼女」。こんな無戸籍者の現実は、番組や記事の短い「尺」の中では描けない。

でも、「彼」と「彼女」の間を行き来する揺らぎを抱えたこの当事者のように、想像を超える複雑さにこそ、私が間近に見てきた無戸籍者の真実がある。

彼らは貧困や暴力、病気などの困難にさらされても、どこにも登録されていないためにどこからも支援を受けられず、それでも必死に生き延びてきているのである。

私ですら、その先を伝えることをこれまで避けてきた。

人はなぜその「さらには……」の先を描くことを躊躇《ちゅうちょ》するのだろうか。

何を畏れているのだろうか。

無戸籍者は本人に責任がないにもかかわらず、社会から批判を浴びやすい。

メディアにさらされることでバッシングを受け、それらが不当であっても、本来なされるべき法改正の妨げになってしまう恐れもある。

そこに気を使うならば、彼らの現実の生きる姿から生々しさをそぎ落とし、ベールに包んでいくしかない。

だが、13年にわたって彼らの支援活動を行ってきた今、思うことがある。

「さらには……」の先、当事者も、支援者も、メディアも伝えることを躊躇するこの部分にこそ、この問題が引き起こされ、解決に至らない主因があるのではないかと……。

そしてその「語られずにきた部分」は、無戸籍問題に限らず、自ら声を上げることができない子どもたちを巻き込んださまざまな事件や問題に共通する「横串《よこぐし》」となっているのではないか。

いや、子どもたちだけではない。私たちの社会で誰もが感じる「生きにくさ」にもそれは突き刺さっている。

私はほんの偶然から巣鴨に事務所を置くことになった。

駅に降り立ちこの地名を目にすると、あの切ない事件と、家族のその後の人生を思う。「巣鴨子ども置き去り事件」のきょうだいは、１９７３年頃から１９８６年頃の間に生まれている。「彼ら」は今、29歳から42歳となっているはずだ。

くしくも本書に登場する成人無戸籍者たちと同世代だ。

彼らの存在がわかっていながら、なぜ誰も対策を打たず、手を差し伸べなかったのだろうか。

そして今日も新たな無戸籍児が生まれ続けている。この現実は重い。

前へ前へと進んできた日本社会は、彼らの状況を見て見ぬふりで、放置している。

少なくとも「無戸籍」という同じ体験をした者の役目として、私はこの問題の深刻さを社会に問い続けていかなければならないと思っている。

そのためには無戸籍者のあまりにも厳しい現実を明るみに出し、「さらには……」のその先を語らなければならない。

誰もが口を閉ざすタブーなのかもしれない、社会の陰の部分。でも私はあえてそこに切り込んでいこうと思う。

あのとき巣鴨にいた「彼ら」が歩んだかもしれない「今」が、そこにあるのだから。

第1章　戸籍上「存在しない」人たち

消えた〝母たち〟――雅樹の場合Ⅰ

27歳・無戸籍・男性

「では、JR新宿駅東口改札を出てすぐ左に『サマンサタバサ』があるのはご存じですか？　その隣の喫茶店でお待ちしています」

「近藤雅樹」と名乗る男性から電話があったのは2014年8月の終わりだった。

その年の5月に、取材協力をしたNHK『クローズアップ現代』で、32歳の成人無戸籍女性「ヒロミ」のケースが取り上げられたことをきっかけに、私が開設している電話相談はパンク気味となっていた。誰かと話している最中に電話が入り、切った瞬間にまた次の相談が来る、という状態だった。

「僕が……、無戸籍なんです。27歳です。母親は亡くなっています。そういう場合はもう戸籍は取れませんよね？」

「父親は？」と聞くと「わかりません。最初からいないので」と言う。

「大丈夫ですよ。できますよ。むしろ……、こういう言い方はなんですけど、親が生きているより、手続きはスムーズにいくかもしれませんよ」

これはもう何人もの成人無戸籍者の戸籍取得を手伝った末の実感だった。

「ともかく会いましょう。いつだったらいいですか？」

「明日でもいいですか？」

雅樹は早速、日程を言ってきた。

「じゃあ、2時頃でも大丈夫ですか？」

場所は彼に指定してもらい、電話を切る。

初めて会う場所は基本的には相手に決めてもらう。

どこを選ぶか……雑踏なのか、自宅なのか、それもその人の人生を知る上で重要な手がかりとなるのだ。

近藤雅樹が選んだのは新宿駅構内にある喫茶店だった。

「無戸籍」になってしまう事情

「無戸籍の日本人がいる」

江戸時代の話でも、戦後の混乱期の話でもない。もちろん外国の離島に取り残されているわけでもない。この平成の時代に、北海道から沖縄まで、至る所に「無戸籍の日本人」が存在し、その数は決して少なくない。そう聞いて、驚かない人がいるだろうか。日本では通常、父母、もしくは父と母のうちどちらかが日本人であれば、その子どもも日本人としてその親の戸籍に記載される。

登録の仕方は簡単だ。「出生届を役所に提出する」、それだけだ。

出生届の左側には子の名前と出生場所、住民登録をする住所や父と母の名前を書く欄がある。右側は「出生証明書」。出産した病院、もしくは取り上げた助産師が何年何月何日何時何分に何グラムで生まれたかなどを記載し、署名・押印する。

これを提出したら、役所は記載に漏れや誤りがないかを確認して、父と母が婚姻していた場合はその父母の「嫡出子」として登録。母が未婚で産んだ場合は父親を空欄とし「非嫡出子」として母の戸籍に入れる。

ただし、子どもの名前が常用漢字表や人名用漢字に記載されていない漢字だった場合などは受理されない。その場合は、別の使える漢字を選んで出し直すことになる。

出生届の提出期限は出生から14日以内と決まっている。子どもが生まれたらなるべく早くに戸籍を作り、養育義務者である父母を決めて「身分を安定」させることが子の福祉にかなうとの判断からだ。

しかし、である。

何らかの事情で出生届が出されず、その存在が行政に登録されないまま、もしくは把握されないまま「無戸籍」で生きている人がいるのである。
彼らを「無戸籍児」「無戸籍者」と呼ぶ。

「戸籍がない」

これによってその人がどのような人生を送らなければならないのか、普通に戸籍を持って生きる人には、想像することさえ難しいだろう。

戸籍がなければ基本的に住民票ができない。住民票がないということは生きる上で致命的な困難をもたらす。

まず義務教育を受けるのが難しい。住民票がないため、役所から「就学通知」が来るはずもない。

それから健康保険証もないので病院にかかったときの医療費はすべて自己負担となる。

もちろん健康診断、予防注射といった行政サービスも受けられない。

年を重ねて成人になっても選挙権もない。

銀行口座を作ることもできないし、携帯電話の契約すらできない。

何より身分証明書が一切ないから、就労は困難を極める。

パスポートが作れないので、海外旅行など考えるべくもない。

結婚、出産にも支障をきたす。

つまりは生きていく上でのありとあらゆる不都合や不安と直面するのだ。

ここ数年は社会問題として認知されてきたことにより、無戸籍者が希望すれば、これらの行政サービスを受けられるようにはなってきた。しかしそれでも、たびたび役所に出向いて説明し、掛け合わなくてはならない。管轄する行政によって対応が違ったり、さまざまに理不尽な理由をつけて断られるケースも多い。

普通の人にとっては「なんでもないこと、当たり前のこと」。でも、彼らにはとんでもなく高いハードルがいくつもあって行く手を阻むのだ。

闇に埋もれる実態

こうした無戸籍児・無戸籍者は、全国でどれくらいいるのだろうか。それは完全には把握されていない。

法務省は2014年7月から基礎自治体（市町村・特別区）、児童養護施設などを対象に無戸籍者の実態調査を始め、ひと月後の8月段階ではその数を200人と発表した。

しかし、その数は月を経るごとに増え、2015年11月現在では680人（うち成人無戸籍者125人）となっている。ただ、回答率は全体の約20%と低く、8割の自治体は「把握せず」として回答していない。

一方、住民票を所轄する総務省が公表している「無戸籍のまま手続きによって住民票を交付されている数」は毎年500〜700件に上る。

また出生後、「推定される法的父親」と「事実上の父親」が違うため無戸籍になった人の場合、事実に即した戸籍に登録されるためには、調停・裁判を起こす必要があるのだが（後述）、最高裁が発表する司法統計によれば、こうした事案の調停・裁判は毎年3000件前後あり、一般的には解決するまで出生届は出さない。

つまりは一時的にでも「無戸籍状態」となる人が年間約3000人はいるということになる。

調停・裁判をしたものの決着がつかず、不成立や取り下げをする人はこのうち年間約500人。こうした人たちはほぼ無戸籍状態が固定化すると考えられる。直近20年間を考えても、1万人は積み上がっているということだ。

法務省の総数700人弱、総務省の年間700人、裁判所の年間3000人、そして1万人。いったいどの数字がこの国の「無戸籍者」の実態を表すのだろうか？

いや、まったく数字に表れない人々もいる。

無戸籍当事者の中で、役所や裁判所にアプローチできる人はひと握りにすぎない。ほとんどの人は声も上げられず、不自由をすべてその身に背負い込んで、社会の隅に縮こまって生きている。その実態は闇に埋もれるばかりだ。

戸籍をあきらめるために

雅樹と電話で話した翌日、約束の時間の10分前に新宿駅に着いた。目印だという「サマンサタバサ」はすぐに見つかったが、周りには喫茶店が数軒あり、どれなのかわからず、しばしうろうろする。

たぶんここだろうと思ったのは昭和の薫りがする純喫茶だった。地方都市なら今もまだ多く残るテイストの店……。そう思ったときに、ちょうどドアを開けて中に入っていく男性の後ろ姿が見えた。

彼が「近藤雅樹」であることはすぐわかった。タンクトップ姿は店の雰囲気から明らかに浮いていたし、周囲をうかがってから中に入ったからだ。

ひと呼吸置いて、私も扉を押した。

「近藤さん？　井戸です」

席に着いたばかりの彼に背中から声をかける形となった。彼はビクリとして振り返り、慌てたように立ち上がった。

「電話をくれてありがとう」

それが私のいつもの最初の挨拶だ。本当にそういう気持ちでいるから、この言葉が出る。

「いえ、こちらこそ。すぐにお会いできるなんて思ってもいなかったので、ありがとうございます」

「年齢は27歳でしたね」

「そうです」

雅樹の実際の声は、電話の印象よりもずいぶんと嗄《しわが》れていた。

「声、ハスキーね。もしかしてお酒？」

「よく言われますが、声はもともとなんです。酒は好きですけどね。飲む仕事ですし……。あ、電話で話しましたっけ？　僕、ホストなんです」

店員が注文を聞きにくる。

雅樹はアイスコーヒーを、私はホットコーヒーを頼んだ。

「電話では飲食店で働いているって聞いたけど。無戸籍の人は水商売が多いのよね。働ける場所が限られるから」

「はい」

「成人無戸籍者」たちが身を寄せる場となりがちなのは、水商売、ラブホテル、パチンコ業界、風俗業など。それはもちろん限られた、ごくごく狭い場所だ。

「昨日の電話であなたの状況をざっと聞いて、『戸籍、できますよ』と言ったら、すごく驚いてたでしょ？　私、それにちょっとびっくりしたのよ。戸籍はできないと思っていたの？」

「はい。親が無戸籍だから僕も無戸籍だと聞いてましたし、手がかりがまったくないから」

「親がいるより、いないほうが有利なこともあるのよ」

私は電話での話と同じことを繰り返した。

「それがびっくりでした。実は電話したのは『あきらめるため』だったんです。ここに電話して、それでもダメと言われたらそれを最後に、戸籍のない人生を生き切ろうって。『もしかしたら』という希望を持っているから苦しい。戸籍ができるかもしれないなんて本当に思ってもみなかったから……。もっと早くに相談すればよかったです」

二人の「オカン」

親が不明という無戸籍者の場合は、「就籍」という手続きがある。

いわゆる「捨て子」などのケースでは、その自治体の長がその子に名前をつけて戸籍を作っている。「就籍」はもともとは終戦後、旧樺太《からふと》及び千島《ちしま》列島に本籍地を置けなくなって、戸籍が消滅してしまったことから作られた規定だったが、今ではこうしたケースにおいて応用されているのだ。

アイスコーヒーのグラスとコーヒーカップが運ばれた。

「早速だけど本題に入っていい？　まず、どこから話を聞こうか。お母さんが無戸籍って言ったよね？」

「はい。母が無戸籍だったから、僕も無戸籍で……、そう聞かされています」

「あ、まずは生年月日から教えてね」

「生年月日は昭和62年2月2日です」

「お母さんはいつ亡くなったの？」

「僕を産んですぐだったそうです」

「そう、それは大変だったわね。お母さんの名前は？」

「近藤順子。『じゅん』は『順番』の『順』です。そう聞いています」

「それは誰から聞いたの？　おじいちゃん、おばあちゃんが育ててくれたの？」

「育ててくれたのは……、養母です。杉原知子といいます。『ともこ』は『知る』に『子どもの子』だったと思うんですが、漢字はもしかしたら違うかもしれません」

一瞬、メモを取る手が止まる。単純な「無戸籍」の相談とは事情が違うようだ。

「その知子さんという人はお母さんとはどんな関係だったの？」

「知人だったと聞いてます」

「そう……。でもなんだか不思議よね。『知人』というだけであなたを預かって、育てるなんて」

「そうなんですよね。何回か聞こうと思って話題を振ると、明らかに嫌がっているのがわかったんです。気まずい雰囲気、というのか。で、聞くのをやめてしまったんですが。でも……、今思えば……」

雅樹は一瞬視線を手元に移して、また顔を上げた。

「今思えば、聞いておけばよかったです。あ、こんなふうに話していても大丈夫でしょうか？」

「大丈夫よ。順番が逆になったり、話が飛んでも気にしないで。いずれにせよ、まず輪郭を描いてみて。なぞったり、色を塗ったりはあとでいいので」

「はい。でも、正直言って怖いんです。27年間信じてきたものが全部違ったとしたら、僕はどうしたらいいんでしょうか。自分が思っている自分と違ったら、と考えると知らないほうがいいのかも、とも思うんです」

「知らないでいるほうがいいかもしれない人生もあるよね。そういう選択ができるとしてだけど。でも、戸籍がない人が戸籍を取ろうと思ったらその選択はないのよ。それで大丈夫？」

雅樹はすぐには答えなかった。

すっかり氷が解けて水の層ができたアイスコーヒーをゆっくりと混ぜて、ひと口すると言った。

「ずっと……、自分が誰か、なんて考えないできたんです。考えないようにしていたと言ったほうが正確かもしれません。

親は誰なんだろうという葛藤とか、そういうことも昔はあったんです。でも、あるときからそういう感情もなくなって、平気になったんです。

ただ昨日、『戸籍が取れる』と聞いた瞬間から、急にドキドキし始めて。覚悟を決めた以上は、何が出てきても驚かないようにと言い聞かせてきたんですけど、でもやっぱり『どうしよう』と思う自分がいるんです。

昔はいろいろ考えました。杉原が聞かせてくれた話は全部嘘《うそ》で、実は親はスパイで、自分を英才教育しようとしていたのに失敗したんじゃないか、とか。

笑っちゃいますが、本気でそんな心配をしていたときもあったんです。

そういう封印してきた不安が昨日から一気に出てきてしまったんです。嫌な過去は見ないで、自分に都合よく、都合よくと生きてきたツケですかね」

「自分に都合よく、なんて考えるのは誰でもそうだから。そこは戸籍があっても、なくても同じよ」

彼を励ますように私は言った。

「そうなんですかね。戸籍を持ったことがないから、それすらわからないです。でも、昨日、最初に電話したときは、ともかくなんでもいいから、極端な話をすれば住民票だけでも取れればいいと思っていたんです。『自分がどこかに登録される』というのが大事で、杉原や母が何をしていた人なのかなんて、ある意味、二の次だったんです。

でも、今、ちょっと自分でも驚きなんですけど、こんなに短い間に気持ちが変わったんです。本当に今、この瞬間なんですけど、杉原にも、母にも『会ってみたい』と思ったんです。いろいろ聞きたいって。聞いて自分が誰なのか知りたいって」

「知りたいよね。わかるよ」

私は短く、でも本心からの言葉を挟んだ。

「実は今日が初めてなんです。こうやって母や杉原の話を改まって人にするのは。自分のことを人にちゃんと説明できないことに改めてびっくりします。まあでも、避けてきたんですから当たり前ですよね。

ずっと『知りたくない』と思ってきたのは、自分の今までが全否定されてしまったら、どうしようと……。土台が違ったら、自分が生まれている意味も変わってしまいそうで怖かったんだと思います」

長台詞《ながぜりふ》を息継ぎなしでまくしたてるように、雅樹は一気に話した。

「そうね、まずは養母さん、杉原さんとお話しするのが一番早いと思うのだけど、連絡つくかしら？」

「養母は、杉原は……、亡くなりました。火事に巻き込まれて」

「えっ」

思わず息を呑《の》んだ。

雅樹が語ったのはにわかには信じがたい、こんな話だった。

二人だけの暮らし

最初の記憶は大阪の雑居ビルに挟まれたアパートの一室だ。

いったいあれは何歳のことなのだろうか。

浮かんでくるのは本屋で買ったドリルを部屋で一人やっている自分だ。それはあっという間に終わってしまい、「次は何をしようか」と思案している。

朝、流れているテレビがニュースからワイドショーに変わる時間になると、「オカン」と呼んでいた「杉原知子」は仕事に出る。日が暮れると一旦夕食に戻ってくるが、もっと暗くなるとまた出かけていく。

お昼は昨夜《ゆうべ》の残りだったり、焼きそばだったり、カップ麺のときもあった。「オカン」がお金を置いていくこともあった。

そんなときは公園の先にあるスーパーに買いに行った。「オカン」は個人商店で買い物をするのを極端に避けていた。「高いから」というのがその理由だったが、本当は誰か特定の人と関わることが面倒だったのではないかと思う。

スーパーのレジなら余計なことをしゃべらなくていいから楽。

でも値段も安かったし、まあ、確かに「オカン」の言っていることは正しいのだと当時は思っていた。

2日だけの「小学生」

道ですれ違う同じような年頃の子どもたちがランドセルを背負って学校に行き始めたとき、自分が行かないことを「不思議」とは、まったく思わなかった。

勉強は家でやるものだと思っていたのだ。家でできない人たちが学校に行く。

つまり子どもたちにはふた通りのグループがあって、一つは「学校で勉強するグループ」、もう一つが「家で勉強するグループ」。保護者たちはそのいずれかの選択ができる。自分は「家で勉強するグループ」なんだと信じていた。

それでも「オカン」は自分を2度ほど学校に連れていったことがあった。

1校目は大きい小学校で、たくさんの人がいてびっくりした。一度にそんなにたくさんの子どもを見ることなんてなかったから。

そこで1日だけみんなに交ざって授業を受けた。何を勉強したかなんて、ほとんど記憶にないが、教室の机の感触だけは覚えている。

「ダメやねんて。次行ってみよか」

授業が終わって迎えに来た「オカン」は言った。

何がダメで次に行くことになったのかはよくわからないが、日をあけずまた違う小学校に行って、同じように「小学生のまねごと」をした。

でも、その後二度と学校に通うことはなかった。

国には「義務教育」という制度があり、自分以外の人はみんな学校に行っているらしいことを知ったのはずいぶんあとになってからだ。

単調な日々だったが、勉強は嫌いではなかった。わからないところは「オカン」が教えてくれた。

15歳のときには数学や理科は高3の課程までほぼ終わっていた。

今考えると本当に不思議だが、「オカン」はどんな人物だったのだろう？

なぜ高3までの勉強を教えられたのであろうか？

「オカン」のことを思うと、頭の中は疑問だらけになる。

「杉原知子」という名前は本名だったのだろうか？　職業はなんだったのだろうか？

どんな人生を歩いてきて、どんないきさつで自分を育てることになったのだろうか？

家族がいたかどうかすらわからない。なにしろ「オカン」の両親もきょうだいも、親族と思われる人には誰にも会ったことがないのだから。

突然の「告白」

小さい頃の思い出といっても、365日変わらない風景だ。曜日の感覚も、下手したら月が替わったことすら気づかない。

学校に行っていれば、運動会や音楽会の行事、家族がいれば端午の節句や七夕、お盆やクリスマスが次々とやってきて、カレンダーをめくる。そうしたイベントが生活を回し、単調な毎日に「生きている」という刻印を押していくのかもしれない。

そういうことも一切ない、「何も起こらない毎日」を過ごす不思議な感覚は体験者でなければわからないだろう。ただそれが苦痛だったとは思わない。一人遊びの時間は、それはそれで心地よいものだった。

そんな日々が突然終わった。

14歳だった。

「うちはあんたの本当のオカンやない。あんたのオカンはあんたを産んで間もなく死んだんや。あんたのオカンの名前は『近藤順子』。だから雅樹の名前は『近藤雅樹』。『杉原』やないねん。順子ちゃんは無戸籍だったの。だからあんたにも戸籍がない。いろいろ不便かもだけど、とりあえずこれで生きていこ。漢字も読めるし、計算もまあまあや。大丈夫、大丈夫！」

「オカン」はさばさばした様子でこう言った。それはあたかも「オカン」自身を励ますような言い方だった。

なぜ突然、「オカン」がそんなことを言ったのか、どんな状況だったのかもまったく覚えていない。それまで「オカン」が母親だと信じ切って、疑ったことも一切ないから、いったい何が起こったのか、理解するには時間がかかった。「無戸籍」ということも。「戸籍」は見たことも触ったこともないから、それによって不都合があることを実感できなかったということもある。

今の今まで、その存在を知らなかった母・近藤順子については、どんな人なのか想像すらできなかった。

しかし、言われてみれば、である。

自分が歩いてきたのはいかにも「特殊な人生」ではないか。

昼間に公園に行っても、自分と同じ年頃の子は誰も遊んでいない。

「家で勉強するグループ」などなく、自分以外は全員「学校で勉強するグループ」なのだ。

「学校に行けなかったのは戸籍がなかったから」と「オカン」は言った。

「それと、あんたは知りたいと思うからゆうとくけど、あんたのオトンが誰かはうちも知らんねん」

「別に知りたくないから大丈夫」

そう答えた。本心だった。

父親のことを知りたくなかったのは、その男がどうせろくな人生を送っていないと思ったからだ。

女を捨て、子どもができているのも知ってか知らずか逃げ出した、最低の男なのだろう。

「カミングアウト」の日からそう間を置かず、「オカン」は「秘書検定」の本を買ってきた。「これで最低限のマナーは覚えられるやろ」と。

告知の時期がなぜ14歳だったのかはわからないが、もしかしたら「オカン」は「オカン」なりに、自分を社会に出していくために準備をさせようとしていたのかもしれない。


それから2年が経った。

「16歳だし、そろそろ働かんとあかんねんなあ」

「オカン」は「さあ、行くよ」と言うと、ミナミで幅広く飲食店を経営しているという「ダイさん」のところに連れていった。その翌日からダイさんが経営するキャバクラで働くことになった。風営法ギリギリのサービスを安価で楽しめるキャバクラは当時、大阪・ミナミの街でも増えてきており、その時流に乗ってダイさんは事業を広げていた。

しかし、16歳では接客に出ることができない。できる仕事といったら厨房《ちゅうぼう》での下働きや、キャバクラ嬢たちの使い走り。酔っぱらった彼女たちに理不尽なことを言われたり、客とのトラブルは日常茶飯事。初めて見た「社会」は醜い女性たちばかりに感じられた。

あの頃のことを思うと嫌悪感しかわいてこない。思い出したくない。そこまで思うのは、初めてふれ合った社会が、いきなり人間関係のドロドロを知った現場だったからだと思う。

ダイさんの店で働き始めて1年半が過ぎた頃、知り合いになった友人の紹介で別の店で働くことになった。

それが年齢も名前も偽って働く生活の始まりだった。ダイさんに挨拶に行くと「元気でがんばり」と言われた。

その職場は近くに社員寮があって、「オカン」の家から通うより便利だった。家に戻るのは月に1回から3カ月に1回、半年に1回と間があくようになった。

そして1年後、また別の友人に誘われるままに違う店で働くことになる。今度はホストクラブだった。

キャバクラ嬢の使い走りをするよりも、仕事はずっと楽だった。客は素直で優しく、無理難題も言ってこない。楽になれたと思った。

そこから1年か、1年半ぐらい経った頃だろうか、ミナミでダイさんにバッタリ会った。

「おい、お前、大変だったなあ」

「はい？　大変？　元気にしてましたよ。何かありました？」

「『オカン』のこと、だよ」

「『オカン』？」

「火事で死んだんだろ？」

「えっ？　どこで？『オカン』が？　本当ですか？」

「出先が火事になって、死んだって聞いたよ。知らなかったのか？　吹田《すいた》やったかな、そう吹田や。ボヤみたいな小さな火事やったのに巻き込まれて。運が悪かったな」

嘘だ！　タクシーを拾い、急いでアパートに戻ってみる。鍵がかかっていた。

少し前にバッグを盗《と》られ、家の鍵はなくしたばかりだった。合鍵を作り直さなくとも、アパートに行けば「オカン」がいると思ったからそのままにしていた。

大家さんに聞こうと思い、はっとした。

自分と「オカン」の関係を証明するものは何一つないのだ。

葬式も何もないまま、突然「オカン」は消えた。

選択肢のない人生

「僕の話、本当かどうか、わからないですよね。僕も実は自信がないんです。誕生日もそう。杉原知子は『私はあんたの実の母じゃない』と言ったけど、実は彼女が本当の母だったんじゃないか、とか。でもそれだったら、なぜ『本当の母は別にいる』なんて嘘を言ったんだろうか。

どの話が本当で、どの話が違うのか、誰も証明する人がいないからわからないんです」

「こんなこと言ったらなんだけど……、ミステリーだよね」

「僕にとってはミステリー以上です。最後に種明かしがないから……」

雅樹は続けた。

「まあ、ある意味、ホストは偽りの世界だから慣れてはいるんですけどね。名前も違えば、出身地や学校だってみんな偽っている。あ、今どきは採用も結構厳しくなっていて、写真入りの身分証、たとえば免許証を出さないといけないんです。でも僕、持っていないじゃないですか」

「そういうときはどうしているの？」

「友だちのを借ります」

「顔、違うでしょ？」

「整形したって言います。『いやー、失敗しちゃって』って。厳しいって割にはそれで通っちゃうのがこの世界なんですよ」

住民票がないということは、銀行口座も作れない。

「現金でいただいて、大部分は店に預けて貯金してもらっているんです。そのへんもほかの仕事では通用しないですよね」

「それって、大丈夫なの？」

「まあ、大丈夫だと信じるしかないですよね。ここでしか生きられないから」

「戸籍ができたら、ほかの仕事もできるよね。どんな仕事したい？」

「ほかの仕事……。たぶん一生この仕事、ホストをやっていくと思います。この仕事、好きなんです」

私は「そうなんだ」と答えながらも、雅樹が言った「大丈夫」というのは本心ではないな、と思った。「偽りの自分」の人生を生きることが、彼にとってもう限界に来ているのではないか、と感じたからだ。

今の彼の人生には「選択肢」というものがない。「ここでしか生きられない」人生だ。でもそれを「あそこでも生きられるけど、ここで生きる」に変えなければならないのだ。そのためには「戸籍」を取らなければならないと本心では思っているからこそ、彼は行動を起こしたのだ。

しかし、何の手がかりも残っていない雅樹の「就籍」は、当初思ったより難しいだろうな、という不安が胸をよぎる。でも、それを心配していても前に進めない。雅樹は前に進むと決めたのだ。

雅樹とは翌々日にまた会い、一緒に裁判所と区役所に行くことにする。待ち合わせ時間と場所を確認して、その日は別れた。

面談時間は3時間を越していた。

自分の子どもが「無戸籍児」に……？——私の場合

市役所からの電話

「あの……、そちらは無戸籍の相談を受けてくれるところですよね？」

早朝の電話。眠りの中から一気に現実に引き戻されつつ、時計を確認すると午前5時だった。

「こんな時間に電話してしまって……、すみません。でも子どもや夫が起きる前に話したかったので……」

「私はいつでもいいですよ。確かにご家族の前では話しづらいこともあるでしょうから」

「あ、ありがとうございます……。今まで誰にも言えなくて……」

そう言うと相手は電話口でわっと泣き崩れてしまった。

「無戸籍」で悩む人々のための24時間電話相談を始めて今年で13年。

この活動を始めたのは、ほかならぬ私自身の「体験」が背景にある。

私は最初の結婚で3人の子どもを産み、その後に離婚をした。離婚調停に時間がかかり、この間の別居期間はかなり長い。

ようやく離婚が成立し、8カ月後に現夫と再婚。ほどなく新たな子を出産した。

子どもは通常、40週（280日前後）で生まれる。ところが私には早産の傾向があり、上の子3人すべてが、36週から37週ぐらいで生まれていた。

4人目も案の定、37週で生まれた。出産前2週間は切迫早産で入院していたので、とりあえず無事に子どもが生まれてよかったと、現夫と喜び合った。

退院する日に夫が市役所に出生届を提出しに行った。もちろん出生届は受理されたものと信じて疑うこともない。

帰宅後、子どもを寝かしつけようと寝室に入った。

久しぶりに見る部屋の窓際にはレースのカーテンの隙間から冬の光が差し込み、入院中に夫が組み立ててくれたベビーベッドを照らしていた。そこに恐る恐る赤子を置き、側面の柵を上げる。新生児が寝返りなど打つことはないとわかっていても、世の母親はみんなそうするだろうと思いながら、柵を揺らして強度を確かめてみる。

初めての場所に寝かされても、目を覚まさず、そのままスヤスヤと眠る我が子。新しいベビーケットを掛けると、なんとも言えない愛《いと》しい気持ちがこみ上げてくる。

私にとっては4人目の子ども。慣れたはずの育児でも、新生児に対してはやはり慎重になってしまう自分に、微笑《ほほえ》ましささえ感じていた。

電話が鳴ったのはそのときだった。

「芦屋《あしや》市役所ですが、イドマサエさんですか？」

「はい、そうです」

相手はいきなりこう切り出した。

「あなた離婚していますね？　今朝あなたのご主人が提出した出生届は父親欄が現在のご主人となっていますが、民法の規定によって離婚後300日以内に生まれた子どもは前夫の子どもとなります。父親欄を前夫の氏名に書き直して再提出してください」

「……は？」

寝耳に水とはこのことである。

「離婚後300日以内に生まれた子は、前夫の子と推定する」

民法772条にはこう規定されている。いわゆる「300日ルール」と呼ばれるものである。

そんな法律があることなど私も現夫も知る由もなかった。

確かに子どもが生まれたのは、離婚が成立した日から数えると265日後となる。早産だから日数が満たなくて当然なのだ。

「前夫とは離婚が成立するずっと前から別居しています。調停に時間がかかったせいで離婚が遅くなっただけです。だいたい子どもは前夫と離婚後に妊娠しているわけですから、今さら前夫を父親にするなんておかしいでしょう」

そう反論すると、相手ははっきり言った。

「それは離婚のペナルティです」と。

この台詞は今でも忘れることができない。

「ちょっと待ってください」

そう言ってから、言おうとした言葉を呑み込んだ。

「『離婚していますね？』と言う前に、せめて『ご出産おめでとうございます』のひと言があってもいいんじゃないの？　私だったら絶対にそうするのに……」

言葉の代わりに涙が出た。

家族が待ち望んだこの子の誕生は、国からも市からも歓迎されないどころか、登録さえ拒絶されたのだ。

「おめでとう」どころの話ではないのだ。

私が「無戸籍児の母」となった瞬間だった。

その後も市役所とやり取りを重ねることになったが、送られてくる文書すべてに「この子は前夫○○の子と推定される」という一文がかたくなに添えられていた。

現夫は「こんなに何度も念押しをされるとホントに自分の子じゃないような気がしてくる」とボヤいていた。

そうこうするうちに市役所側は「子どもの身分の安定のために、職権で前夫を父とする戸籍を作る」と言い出した。これは何とかしなければと、そこから「母の孤独な闘い」が始まった。

「被告」となった現夫

子どもの戸籍を取得するには、2002年当時は二つしか手段がなかった。

まず一つ目の手段として、前夫のほうから子に対して自分の子ではないと訴える「嫡出否認の訴え」。

もう一つは、母子や事実上の夫の側から、前夫に対して「この子はあなたの子ではありませんよね」という確認＝「親子関係不存在確認の訴え」を行う方法だ。

しかし、これらはいずれも、前夫の協力がなければ実現しない。

当時私は、離婚協議が長引いたことでかなり消耗していたこともあり、またすぐ前夫と相対するのは気持ちの負担が大きかった。何より離婚した以上、もう私のことに前夫を巻き込みたくもなかった。

そもそも、4人目の子の出生は、前夫には何も関係がないことだ。この法律は絶対におかしい。前夫を絡ませない方法が何かないものか、私は必死で裁判や民法についての勉強を始めた。

独特の法律用語に悩まされながら、家事事件（家庭内の紛争など家庭に関する事件）の判例をいろいろ調べていたら、実の父である今の夫（＝現夫）を相手取った調停を起こして、子どもを認知させる「認知調停（強制認知）」という方法があることがわかった。

前夫の子ではないこと（別居の事実など）と、現夫の子であることの立証が必要となるが、この方法なら少なくとも前夫は調停・裁判の当事者にはならなくてすむ。

しかし、その当時この方法は、離婚後の妊娠であっても前夫が刑務所にいたとか、海外にいたというような事情がある場合の措置であった。私と前夫は住まいが関西と関東に離れているとはいえ、「認知調停」の対象であると認められるのか、確信は持てない。

しかも、我が家の場合は、現夫が自ら市役所に出生届を出している以上、それ自体が認知行為とみなされるため、私が現夫を相手に申し立てを行う必然性がない。過去に同様のケースで調停を起こした人はいない。はたしてこれで「認知調停」を起こせるのかどうか、まったくわからなかった。

民事局長のひと言

この状況から救ってくれたのはある「偶然」だった。

ともかくこの法律はおかしい。説明すれば国会議員は必ず反応し、対応策を考えてくれるはずと思い、伝手《つて》を頼って国会の議員会館に要望に行くことにした。

幸い松下政経塾出身の私には、国会はなじみのない場所ではない。

衆参両院でこの問題に関心を持ってくれそうな議員をピックアップし、要望書を持って一人ひとりの事務所を回る。当時の議員会館はまだ建て直す前の古い建物だった。ミシミシいう廊下をベビーカーを押して歩く私はさぞかし奇異に映っただろう。

しかし、どの事務所を回っても反応は鈍い。この機会を逃すまいと、熱く訴えるのだが、たとえ旧知の知り合いであっても「それは難しいだろうな」と渋い顔をする。あからさまに「こんな陳情に時間を使うのはもったいない」という態度を見せる秘書もいた。

2時間ばかりあちこちを回ったが、さっぱり進展がなく、さすがに落ち込んだ。要望で回る間、松下政経塾の同期だった市村浩一郎元衆議院議員の手配で、当時衆議院で法務委員会に所属していた河村たかし議員（現・名古屋市長）の事務所に荷物を置かせてもらっていた。市村氏は河村氏と日本新党にいた頃の知り合いだったのだ。とりあえず河村氏の部屋に一旦戻ってしばし気を落ち着かせる。

ちょうど河村氏本人がいて、市村氏の手前もあってか、もしくは子どもを抱えて歩く私を見て不憫《ふびん》に思ったのか、奥にある議員用の部屋に招き入れて熱心に話を聞いてくれた。そして彼は、思いがけない行動に出た。

「交通費をかけて議員会館まで来て、何も持って帰れませんでした、じゃあ、かわいそうでかんわ。今から法務省に行くで。民事局長に会うぞ」

と言うなりいきなり電話を取ったのだ。民事局長といえば法務省トップの一人だ。偶然にも房村精一民事局長は在室とわかり、私たちは法務省の中枢、民事局長室に乗り込むことになった。

河村氏は私を紹介すると、「わしゃあ、何度聞いてもわからんのだわ。でも、これがおかしいことだけはわかる。民事局長、なんとかしてやってくれ。じゃあな」と言って、部屋から出ていってしまった。

残されたのは民事局長と、法務省の役人4人と私たち親子だ。

私は率直に、自分が最後の手段として考えついた、子どもの実の父親であり、しかも親子関係を否定していない現夫に対しての「認知調停」という形は取れるのか、と質問した。

局長は法務省の役人たちを睨《にら》んで、

「君たち、できると思う？」

と聞いた。

局長のそのひと言に、役人たちは一斉に持っていた六法全書をめくり始めた。その勢いのすごいこと。ページをめくる音が収まった瞬間、局長は聞いた。

「はい、君、できる?」

「できます」

「次、君は?」

「できます」

4人いた役人は全員同じ答えだった。

「井戸さん、ほらね、できますよ」

民事局長自らが、できると言ってくれた。そうだ、できるのだ。

ほっとした私に民事局長は言った。

「私たちだってもちろん民法772条については完全じゃないことはわかってるんですよ。でも法律を変えるためにはそれなりの国民の声と、さまざまな判例が必要です。法務省の役人はみんな、リーガルマインドがあります。平和な家庭の中で便宜上争いを起こして、夫を『被告』にしないと父になれないなんておかしいことです。もし772条でこのような『認知調停』が一般化されたら、役人たちも黙っていないでしょう。

法律を変えなければ、という意識になります。

まあ、私見ですけど、法改正をするまでもなく、離婚届に『離婚後に生まれる子は自分の子ではない。嫡出否認する』というチェック欄を設ければいいだけなんですけどね。それなら今でも、法改正なくしてできますから」

「法改正なくしてできる」という言葉が頭の隅にうっすらと残った。

しかし、思いがけない展開で、法務省のお墨付きをもらった私は、早速、家庭裁判所に向かった。

弁護士のいない裁判

ところが、意気揚々と起こした「認知調停」は、ある日突然「調停不成立」となってしまった。

なんと「初めてのケース」になるので、「調停」ではなく、「裁判」の手続きを取ってほしいというのだ。

いきなりハードルが上がった。

裁判のために弁護士をあちこち探し回った。しかし当時訪ねたどの弁護士にも「判例がないので勝訴の見込みはない」と断られる。

友人の弁護士にも頼んだ。しかし、「勝てる見込みがない裁判の弁護を引き受けて費用を請求することは、友人だからこそできない」と言われ、こちらも断られてしまった。

仕方なく、現夫とともに自力で裁判の手続きを進めることにした。夫も私もさほどの法律の知識もなく、すべて見よう見まねの試行錯誤である。

口頭弁論の期日。現夫と二人で地方裁判所に向かった。私と子どもが「原告」、現夫が「被告」。原告と被告が一緒に裁判所に行くというのも不思議な取り合わせだ。

現夫は当然ながら、私の請求を認める陳述を行う。通常の裁判であれば、被告が原告の訴えを認める＝「訴訟上の合意」があれば、すぐに判決が下りる。

ところがそうはいかなかった。

裁判長は言った。

「今、あなた方の間では父が誰かについて争いはありません。ただ、当事者同士で合意があったからといって結論となるわけではありません」

裁判長はまずは被告席にいる夫を見て、次に私のほうに顔を向けた。

「子の父は、国が決めます」

……「子の父は、国が決める？」

ぞっと悪寒が走り、体が震えた。

「300日ルール」が頭をよぎる。

いかに悪法であっても、私たちはこの法律によって裁かれるのだ。

「この裁判は、負ける」
そう思うと、ただ怖かった。

意外な判決

そして1カ月後、迎えた判決の日。もうそのときには負ける覚悟ができていた。負けたらすぐに控訴しようと、そこまで決めていた。

判決が出た。

「子どもは、現夫の子として認める」

まさかの勝訴判決だった。

その瞬間はなにがなんだかわからず、うれしいとか、感激とかいった感情がわいてこなかった。うれしさが込み上げてきたのはずっとあとのことだった。

これでやっと、我が子を戸籍に登録することができる。

「離婚のペナルティ」という言葉を投げつけられた日から1年。生まれた子どもは戸籍がなく、住民登録もできなかった。医療をはじめ、国や市の保護やサービスを十全には受けられないという不安定な日々は、たとえ1年余であっても、心身に大きな負担となっていた。それが一生続くのかもしれないという不安も、暗く重たいものだった。

それらからようやく解放された。子どもはようやく、日本人としての身分の保障を獲得することができたのだ。

表面上勝訴したのは子どもと妻である私、敗訴したのは夫。

しかしそれは、勝訴側も敗訴側も喜ぶ、そして誰もが納得する、奇妙な判決だった。

判決の翌日の新聞は「前夫抜きで父を決めた『画期的判決』」と伝えた。


認知裁判を終えた私は、インターネット上にホームページを立ち上げ、今回の判決に関する情報発信を始めた。

理不尽な法律のために闘うことを余儀なくされたつらさ、出産直後の一番幸せを感じる時間を奪われた悲しさを、ほかの人には味わってほしくない。私の経験が少しでも役に立てば、同じ状況に直面している人たちに情報提供ができれば、という思いからだった。


当時はまだ家庭レベルでは、現在のように誰でも気軽にインターネットを使うという時代ではなかった。それにもかかわらず、全国から反響があったのには驚いた。

そこで初めて、私のようなケースだけでなく、さまざまな事情により「無戸籍」になるケースがあるのだと知った。

ＤＶの夫から逃げ出し、籍を抜けられないままに、別の男性との間に子どもができてしまったケース。

親のネグレクトによって、子どもの出生届が出されていないケース。

あるいは前夫の子を妊娠中に離婚したが、前夫の子として出生届を出すことを望まない母親もいる。

「無戸籍」という闇の中に押し込められ、声を殺して生きてきた人たち……。その人たちの一人でも多くが、日の当たる人生を、安心して暮らせるように。

これが私の無戸籍者を救うための活動の始まりだった。その後私はNPO法人「親子法改正研究会」、そして「民法772条による無戸籍児家族の会」（通称・家族の会）を設立し、代表を務めることになる。

この活動については、あとで詳しく触れることにしよう。

無戸籍者が生まれる5つの理由

「無戸籍者」が生まれるには、主に5つの理由があるといわれている。

① 「民法772条」の嫡出推定、いわゆる「離婚後300日問題」などの法律が壁になっているケース

離婚後、もしくは婚姻中に妊娠・出産した子が、法律的に推定される父の子となるのを避けるために、出生届を出さない場合。その背景には、前夫によるDVなどの問題で、

離婚がしにくい事情があることも多い。

②親の住居が定まらない、貧困などの事情により、出産しても出生届を出すことにまで意識が至らないか、意図的に登録を避けるケース

ほとんどが自宅出産で援助者もなく、養育環境も整っていない。日常的に児童虐待が行われていることもある。

③親が「戸籍制度そのものに反対」で、出生届提出を拒むケース

国に〝登録〟されることを良しとしない、または、出生届の嫡出子／非嫡出子のチェックなど、戸籍や届けの制度に異議を唱えて、子どもの届け出をしない人たちもいる。思想信条に基づいているため、無戸籍で生きるためのノウハウもあり、あえて戸籍の取得を目指さない。戸籍取得を目指す無戸籍者や、その支援者を、敵視する場合もある。彼らの活動を警戒する自治体もあり、無関係の無戸籍者も住民票が取れないなどの支障が出ている。

④もともと戸籍があった人が、何らかの事情でそれを使えず、無戸籍者となっているケース

家出、失踪、認知症や記憶喪失などで本来の戸籍にたどり着けない、または放棄している場合がこれに当たる。

⑤天皇および皇族のケース

天皇と皇族には戸籍がない。そのため結婚して皇室に入る民間人は、それまでの戸籍を失うことになる。逆に、結婚して皇室を出る女性皇族は、自分の戸籍を持たないまま、夫を筆頭者とする戸籍を作ってそこに登録される。

これらの5つのうち、③「戸籍制度に反対」のケースは非常に少数で、④「認知症・記憶喪失など」はもともとは戸籍があったと推測される。⑤は明治以降、約40例が記録されている。

通常「無戸籍問題」と称されるのは、①「民法772条」の「嫡出推定規定」が壁となって出生届を出せないケース、そして②。最近取り上げられ始めた「所在不明児」の問題とも照応する、親の不作為が疑われるケースである。

私は①のケースに当たる。子どもが生まれるまでその法律の存在を知らなかったし、知った今でも納得がいくルールではない。ましてや現在は、4組に1組の夫婦が離婚する。「民法772条」がある限り、これからも無戸籍になる人は減らないと、私は危惧している。

120年前の「常識」

民法第772条（嫡出の推定）

1．妻が婚姻中に懐胎した子は、夫の子と推定する。

2. 婚姻の成立の日から二百日を経過した後又は婚姻の解消若しくは取消しの日から三百日以内に生まれた子は、婚姻中に懐胎したものと推定する。

これが民法772条の条文だ。

調べるうちにこの法律が、1896年、明治憲法下で制定された明治民法から実に約120年間、改正されることなく「鎮座」していることを知った。人間の血液型が発見されたのが1900年。それより以前の、DNAはおろか妊娠のメカニズムもよくわかっていない時代の代物である。その時代においてはこれが、「どうやって『父』を証明するか」という課題に対する答えの一つだったのだろう。

しかし、時代はいうまでもなく大きく変わっている。

「なぜ、法律的離婚をしたあとに懐胎した子の父が前夫になるのか?」

「300日にどんな根拠があるのか?」

「離婚したあとにできた子どもの父が前夫だというなら、この国の法律は離婚した夫婦が離婚後も性的関係があると『推定』しているということだ。つまりは離婚した妻は離婚後も一定期間、前夫の性的拘束下にあると言っているも同然ではないか」

「民法772条」を知れば知るほど、その不備や不見識を実感する。今の時代の状況とまったく折り合わないことは明らかだ。

120年を経てなおこの法律を戴《いただ》くには、それなりの合理的理由があるべきなのに、それが見つからない。

そもそも、この法律ができた当時、「嫡出推定」が設けられたのには理由がある。旧憲法下の「家制度」の下では、女性は自ら望んでの離婚はできず、望まなくても夫や戸主に離婚を申し渡されれば、従わないわけにはいかなかった。

さらに、離婚後に子どもを身ごもっていることがわかっても、前夫が嫡子と認めない場合、法律的に当時では非常に不利な立場の「私生子」とされるしかなかった。子どもがその不利益に遭うことを避けるための、いわば子どもを守るための方策が「嫡出推定」だったのだ。

その後、婚姻をめぐる法が変わり、かつてのような理不尽な離婚はなくなった。父親の推定に有効な科学的技術は劇的に進歩した。かつては同様の「嫡出推定」の規定もあった諸外国の民法も、その後工夫をしながら制度を見直し、実態に近い形で子どもの父親を決めるように法律や運用を変えている。しかし、日本は対応してこなかった。

実は今のような形での無戸籍児は1965（昭和40）年以前はほとんど日本にいなかったと思われる。

この年を境に病院で出産する数と自宅で出産する数が逆転する。

当時の裁判記録などを見ると、母親がこの子は「300日規定」にかかると思ったら父親は前夫と「推定」されるのを避けるため、産婆さん（助産師）に相談して、誕生日をずらしていたことがわかる。大胆にも、3月に生まれた子どもを8月生まれにした（最高裁判所昭和44年5月29日第1小法廷判決）、11月に生まれた子を翌年8月生まれにした（東京高等裁判所昭和43年9月30日判決）などの例もあった。

なんとも原始的な方法ではあるが、それが当時はありえたのだ。しかし50年ほど前、自宅出産が少なくなった頃からそういう方法はとれなくなってしまった。

こうして、無戸籍児が数多く誕生することとなる。

無戸籍者、それぞれの事情

無戸籍者に接するたび、「気の毒」「なぜこんな苦しみを背負う母子がいるのか」と、いたたまれない気持ちになることは非常に多い。また、そうした思いの一方で、彼らの姿に「たくましさ」とともに「しぶとさ」「したたかさ」を感じる瞬間もある。

しかし、もし彼らに戸籍があったら、まったく違った人生が送れたであろうと思う場面も、それ以上に、幾度もある。

何より彼らは、「自分」を見つけられずにいるのだ。

たかが紙切れ一枚で、どうしてこうも人生が変わってしまうのだろうか。

「親が悪い」「親に責任がある」という声があることも知っている。確かにそうだ。「もっとしっかりしろ」「責任を果たせ」というのは、支援をしている私が一番実感していることでもある。

だが、親の側にも、それができなかった「それぞれの事情」があるのだ。

その「事情」を汲《く》み取り、丁寧に解きほぐしていかなければ、子どもたちは救われない。

救われないばかりか、彼らのすぐそばには、不当労働や犯罪や自殺のリスクもある。まさに社会のひずみを彼らは背負って生きているのである。

法学者を含めて「２００日」「３００日」など根拠のない数字を盛り込んだ法律を改正すべき、という声は以前からあった。

にもかかわらず維持され続けてきた理由の一つは、子を守るための法律がいつしか、「女性たちへの行為規制」や「戒め」として利用され、その存在意義を主張されてきたからだと思う。

男女にかかわらず平等な人権が保障され、妊娠のメカニズムは常識となり、親子関係の確定にはＤＮＡ鑑定まで使える時代だ。国が「推定」で前夫を父親に指名する理由は何もない。

それでもその法律をかたくなに堅持しようとする裏には、見方によっては、

「離婚してすぐ子どもを産むなら、前夫に頭を下げて裁判に出てもらうんだな。でなけ

れば無戸籍で我慢しろ」

「不貞の子を産むなら、生まれたら夫に知れる仕組みなのは都合がいいな。そんな女には慰謝料でも払わせて社会的制裁が与えられるべきだろう」

とでも言いたげな「懲罰」あるいは「嫌がらせ」的な意図すら感じられる。そのためにこの法を残すというなら、それは日本が「姦通罪《かんつう》」のような法がまかり通る封建制の社会であると公言するようなものだ。

しかし無戸籍者の問題は、当の無戸籍者を主体として見れば、生きる基盤の問題である。

仮に「親に瑕疵《かし》がある子どもなら戸籍が作れなくても仕方ない」という、子どもの人権を無視した、差別や偏見に裏打ちされた発想がそこにあるのなら、なんとしても変えていかなければならない。

戸籍制度がはらむ問題点があることも十分に承知している。そのことについては後で詳しく触れたい。ただ、それでも今の日本で生きる基盤を手に入れるためには、戸籍に登録される必要があるのだ。

さて、こうして「無戸籍」となった子どもたち、そしてそのまま大きくなった「成人無戸籍者」たちは、いったいどんな生活を送っているのだろうか？
私が支援した無戸籍当事者や家族の姿を見てみよう。

第2章 「無戸籍者」が生まれる背景

裏切り――冬美の場合Ⅰ

電話の向こうで

「無戸籍問題」がテレビで特集されたり、新聞、雑誌などで取り上げられると、それに呼応して相談電話は急増する。

ただ不思議なことだが、電話が来るのはそれらが報じられた当日や翌日ではない。3日後ぐらいからわっと増えるのだ。

思い立ってから電話をかけるまでに、なぜ数日間かかるのか。実はそれこそが、無戸籍者たちの警戒心と、「生きにくさ」を象徴している。

電話相談や面談は、すべて無償で行っている。「民法772条による無戸籍児家族の会」のホームページでも「24時間無料」と大きく表示している。でないと、みんな、アクセスするまでに至らないのだ。

ためらいがちに受話器を握り、誰も見ていないのに、聞いていないのに、こそこそと周りをうかがいながら最初の声を絞り出す彼ら――。

実はこの問題の相談者には、突出して件数の多い二つの層がある。富裕層と貧困層だ。「お金がある」から離婚できる、「お金がない」から離婚する。生活がそこそこ成り立っている層は、なかなか離婚に踏み切らないし、踏み切れないのだ。

富裕層はまだいい。子どもが無戸籍になっても弁護士費用も払えるので、さまざまな選択ができる。

しかし貧困と対峙《たいじ》している人は、まずは調停・裁判といっただけでもひるんでしまう。それとて自分でやれば3000円前後ですむ話ではあるが、公的文書を書いた経験のない人々に、いきなりこれをやれと言っても難しい。

彼らが逼迫《ひっぱく》している様子は、相談が寄せられる時間帯が深夜や明け方に多い、ということでもわかる。自由になる時間が限られているのだと思う。だから面談も、彼らがいる最寄り駅まで出向く。

私が詫《わ》びる立場ではないが、誰かがいずれかのときに立ち上がって変えるという行動をしてこなかった、そのツケを彼らに払わせてしまっているような気がして、私たちが負担できる範囲ならば、それは引き受けようと思って活動を続けている。

一つの相談が終わると、また次へ。我が家には小学生から大学生まで5人の子どもがいる。同居する義父母の介護も大変だが、夫と分担して力を尽くしている。

加えて、詳しくは後述するが、浪人中とはいえ、私は政治活動を続けている。党の会議にも、地元の行事や地方選の応援などにも参加するので、合間をぬっての支援活動となる。

そんな状態なので移動距離や頻度も激しい。地名や内容など具体的なことは書かないが、フェイスブックやツイッターなどで支援の状況をざっとアップしている。読んでいる人から、それだけでも「目が回るようだ」とよく言われる。

神戸の自宅、東京の事務所、選挙区……。そのどこにいても、相談の電話は鳴る。全国から24時間、時を選ばず。

32歳の「少女」

新宿で雅樹との面談を終えたあと、山手線《やまのて》に乗って、東京の事務所がある巣鴨駅へと戻った。

改札を抜けて、雅樹についての今後の段取りを考えながら帰路を急いでいると、携帯電話が鳴った。知らない番号からの着信だ。

「もしもし。あの、そちらは無戸籍の相談に乗っていただけるところでしょうか？　新聞を見てお電話したのですが」

一瞬でわかる。戸籍がないのはこの人自身だ。

「戸籍のないのは……、あなたね？　年齢を聞いてもいいですか？」

こう聞くと、電話の向こうで一瞬声が詰まるのがわかる。

「はい。私が無戸籍です。32歳になります。母が前夫と離婚できていなかったので、別居後に生まれた私は出生届が出されてないんです。あ、いえ、私は母の前夫の子ではなく、実の父はいて、今は3人で暮らしています。

それで最近ようやく母の離婚が成立して……はい、33年ぶりにです。それでなんとか戸籍を取れないかと思って昨日法務局と裁判所に行ってきたんですけど、母の前夫の協力がないとなかなか難しいって言われてしまって。法テラス（日本司法支援センター。国が設立した法律トラブル相談所）にも電話しましたが、『管轄外』と言われて。結局はたらい回しになってしまったんです」

「そうなのね。詳しく聞かないとなんとも言えないけれど、別の方法が取れそうな気がする。32年間無戸籍ということは、学校は？」

「学校は行っていません」

「小学校も、中学校も？」

「はい」

「住民票は？」

「ありません」

「住んでいる場所はどこ？」

「Y市です」

と、東京近郊の市の名前を言った。

「私、明日は関西に行くので、もし急ぐようだったら、今日……、今から近くにうかがったら会える？　急かしら？　大丈夫？」

「来ていただけるんですか？　本当にいいんですか？　大丈夫です。予定は何もありませんから」

「じゃあ、Y駅で午後7時に」

私は回れ右して、再び巣鴨駅からY市へと向かった。

Y駅で待っていたのは、前髪をまっすぐに切りそろえ、長い髪を頭のてっぺんでまとめた「少女」だった。

32歳には到底見えない。


「今日はすみません」

「角田冬美」と名乗った彼女は、ぺこりと頭を下げた。

「夕食、食べた？　まだだったら一緒に食べない？」

駅前のレストランに入りメニューを広げると、オムライス、ビーフシチュー、ハンバーグなどが並ぶ。

冬美はすぐにメニューを閉じると言った。

「食べていませんが、アイスティーで。なんだか胸がいっぱいで……、食べられそうにもないので」

私もカフェオレにした。

「それで、どこから話したらいいのでしょう？」

先ほどの雅樹との会話のデジャヴのようだ。人生でずっと胸にためてきた思い。本当にどこから切り出していいかがわからないのだ。

「大丈夫だから、自分が話したいところから話して。難しい？　あ、じゃあ、私が質問しようか？」

冬美はうなずく。

「そうしていただいたほうが、話しやすいかもしれません」

「自分が無戸籍だって知ったのはいつ？」

「7、8年前でしょうか。テレビで無戸籍のことをやっていて……。それで、私、自分も絶対そうだって思ったんです。当てはまりすぎると」

「そこでお母さんに聞いたりしたの？」

「はい、聞きました。母が前の夫と離婚できていないから私の戸籍ができないのだと、そのとき初めて言われました。でも、電話でも話しましたが、ようやく離婚届を出すことができたんです」

「しかし、33年間別居していたのに、最近まで離婚できなかったとはすごいことだよね……。お母さんの前夫という人もすごい執念だね。離婚の理由はＤＶかなにか？」

そう言うと、冬美はちょっと困り顔で言った。

「ＤＶもひどかったようです」

語り口からすると、冬美は繊細な性格のようだ。

「無戸籍だと知ったときは……、私もうつ状態っていうのか、ずっと外に出ることができなくなって、誰とも会えない状態だったんです。家からほんの10ｍ先のゴミ捨て場にも行けないぐらいで。だから何も行動できなかったんです」

「家にずっといたんだものね。その状態に置かれたら、そうなるのも無理はないと思うよ」

「この頃やっと、少し落ち着いてきたんです。そうしたら、最近またテレビで無戸籍のことをやっていて、この間はワイドショーでも取り上げていたのを見て、こういう支援をしてくださる人たちがいるなら、私もお願いしたいと思ったんです。

今、行動しないと永遠にできないぞって。でも、どこに連絡したらいいかわからないでいたんです。パソコンも携帯電話もないから、ホームページを見ることもできなくて」

新聞やテレビで「家族の会」の活動が報道されたとしても、無料相談の電話番号まで伝えてくれることはほとんどない。間違い電話のトラブルがあるから、だそうだ。

「電話番号がわからなくても、ネットで検索すればいい」と思われるかもしれないが、携帯電話の契約ができない無戸籍者にとっては、ホームページを検索することすら困難なのだ。この件で本当に困っている人と支援者がつながるのは難しい。

「そしたらちょうど新聞の勧誘が来て、洗剤をあげるから3カ月だけとってくれというやつで。それでたまたま月初めから読売新聞に替えて、3日目に開いたら無戸籍の問題が大きく出ていて……。そこに『家族の会』の電話番号が載っていたので、思わず切り取って持っていたんです。

でもすぐには電話できませんでした。なんというか、この番号が最後の命綱のような気がして。お守りみたいなものでしょうか。

これが最後の最後だと思って……、それで連絡をしたんです」

そこまで話すと、冬美の目から涙がこぼれた。

「自分に……戸籍がないことを、今……、初めて、人に言えたんです。それでうれしいというか、安心したというか……」

はらはらと涙がこぼれ落ちる。冬美はバッグから丁寧にアイロンがかけられたハンカチを出して目に当てた。

偽りのランドセル

「今まで、誰にも言えなかったんだね」

「言えなかったです。言う相手もいませんけど」

「そうか、小学校も中学校も行っていないんだものね。となったら、同世代の友だちと出会う機会もないよね？」

「Y市に引っ越してくる前は幼稚園に通っていました。その頃は同じぐらいの年齢の子と遊んでいました。みんなが小学校に入ってランドセルを背負って学校に行き始めたんですが、私は行かない。

でもランドセルは買ってもらったんです。母が、周りの人に学校に行っていないことがバレないようにと買ったんだと思います。

みんなと同じ学校に行っていないのは、遠くの私立に通っているから、ってことにしたんです。そのあたりは私立に行っている子も多かったから、あまり不審がられることもなくて」

「偽装ランドセル……」

「はい。そういうことになりますね。みんなが帰ってくる頃に、私も帰ってきたふりをして遊んでいました。でも、なんだかそういうのもおかしいし、そもそも嘘をついていることがつらくなって……。しまいには、私からお友だちを避けるようになりました。親もそれを察したのかもしれませんが、引っ越すことになって、今の家に落ち着きました」

「じゃあ、そこからは親御さん以外とは、ほとんど関わらないで生きてきたのね？」

「はい。友だちはいません。時折、母のお友だちが家に来ますけど、それだけかしら」

「ということは、聞いたら失礼かもしれないけど、32年間、恋愛とかそういうのもないよね」

「恋愛ドラマなんかはたくさん見ていますよ。でも現実には、今の生活では誰とも出会いはないし、前の夫の暴力に苦しんできた母を見ていると、男の人ってやっぱりみんな怖いんじゃないかと思ってしまうんです。……あれ？　私ばっかりしゃべっていないですか？　大丈夫ですか？　このまま続けていいんですか？　なんかずっとためていたものが一気に出ちゃって、すみません」

「もちろん、いいわよ。言いたいこと、全部話していいのよ」

そこで冬美が語り始めたのは、母・よし子の人生だった。

村での暮らし

冬美の母・よし子は、ある小さな村の出身だ。今では５００人ぐらいしか住んでいない村だが、よし子が住んでいた30年以上前、昭和50年代前半には2000人ほどが住んでいた。

村は山を隔てていくつかの集落に分かれていて、よし子の集落はざっと20世帯で150人ほどがいた。

どの家にも子どもは7、8人はいるような生活だ。そんな中で、よし子のきょうだいは4人と少なめだった。兄が2人と姉が1人。末っ子のよし子と上のきょうだいたちは、上は16、下は4つ年が離れていた。彼らはみんな、中学を卒業すると都会に出て、そのまま戻ってこなかった。

よし子が16歳のとき、突然、父親が心筋梗塞で死んだ。その当時、家にはよし子の母(冬美にとっての祖母)とよし子しか残っていなかった。荒れ放題の土地とそれなりに広い畑があったが、面倒だと言って兄たちも姉も相続放棄をした。父には借金もあったからだ。

母とよし子は畑仕事をして、借金を返しながら、細々と暮らし始めた。

父が死んで1年ほど経ったある日、見慣れない体格のいい青年が村にやってきた。宮本健司というその青年を母は家に招いて、食事をさせ、畑仕事を任せ、いつしか家に泊めるようになっていた。

そのうち母が「世間体が悪いからあの人と結婚しなさい」と言い出した。なぜ世間体が悪いのかはわからなかったけれども、そういうものだと思って、よし子は結婚を受け入れた。もうじき18歳になろうというときだった。

よし子は村から出たことがなかった。だからこの18年間に出会った男性はそう多くない。男性はみんな、兄たちのように15〜16歳になると村を出ていってしまう。

「去ることはあっても来ることがない集落に来てくれた男は、大切にしないといけない」

母が言うことはもっともだと、よし子も思った。

自分の土地は……

それから12年の間に、よし子は5人の子持ちとなっていた。

5人目が生まれて間もなくのことだ。村に開発計画が持ち上がり、集落の3分の1の土地が買い上げられるとの噂《うわさ》が流れた。

母とよし子の所有する土地は、まるまるその計画地に入っていた。兄たちが「そんなものいらない」と相続放棄をした土地である。誰にとっても思いもかけないことだった。

いろいろなことをあきらめてきた人生から、ようやく脱出できるとよし子は思った。ここよりましな暮らしができたら、それでもういい。

何しろ土地は自分のものだから、自由に使える「自分のお金」が入るのだ。

自分は行けなかったが、子どもたちを高校、いや大学まで進学させることができるかもしれないし、酒を飲んでは子どもたちに暴力を振るうようになった夫・健司にも、少しは強気に出られるかもしれない。

いったい自分が何坪持っているかもわかっていなかったから、とりあえずの「皮算用」のつもりで、役場に行って登記簿を見た。

驚いたことによし子の持つすべての土地は健司の名義に変わっていた。

よし子の持ち分だけでなく、母の土地もだ。

青ざめた。いつ、誰がこんなことを……？

「よっちゃん、知らんかったのか？」

役場に勤める同級生が言った。

よし子の結婚直後に母が来て、名義を変えていったのだという。

家に帰って聞くと、母はこう答えた。

「それはあんたのため」

母は健司を村に、この家につなぎ止めるために土地を差し出したのだ。

ほどなく業者と政治家の癒着が噂され、開発計画は白紙に戻った。

「皮算用」をしていたのはよし子だけではなかった。

「あの金があれば、こんな田舎とはさっさと別れられると思ったのに！」

健司の暴力は、それをきっかけに一層ひどくなった。酔っぱらうと包丁を持ち出して暴れるようになった。それを、生まれたばかりの赤子の首に当てることすらあった。

悪　夢

その悟が10歳になったとき肺炎をこじらせた。もちろん集落には病院などない。村の中心部にある病院へ入院することになり、よし子は2カ月ほど毎日看病に通わなくてはならなくなった。

バスの便は3時間に1本だった。朝に看病に行ったら、帰ってくるのは夜だ。その間、小さな子どもたちの世話は母に頼んだ。母は快く引き受けてくれた。

その日、バスに乗ってから気づいた。先月分の入院費を簞笥《たんす》の引き出しに入れたまま、忘れてきてしまった。期日はすでに過ぎている。

露骨に嫌みを言ってくる看護婦長と経理部長の顔が浮かぶ。婦長はよし子の中学の同級生の母親だった。同級生もひねた性格だったが、その母親もまた意地が悪いことで評判だった。

バスを途中で降りて、1時間の道のりを歩いて家まで戻った。畑を見たが、農作業をしているはずの母も健司も姿がない。

靴を脱いで母屋に上がると、ふすまが半分開いている。手前の小さな布団には、2歳の末子が寝ていた。

その先に目をやると健司と目が合った。

母を抱いていた健司と。

人はあまりにも予想外のことが起こると、声も上げられないのだということを、このときよし子は知った。

すべて合点がいった。母と夫はずっと前から、もしかして、いや、よし子が結婚する前からずっと、こういう関係だったのだ。

よし子は母が35歳のときの子だ。だから、このとき母は70歳に近かったはずだ。よし子と健司は3歳差だったから健司は35歳。合わせて15人も孫がいる60代後半の女と、働き盛りの30代半ばの男が関係を持っていたなどと、誰が信じようか。

よし子は何も見なかったように、箪笥から入院費を入れていた父の古い財布を取り出し、家を出ると夢中で駆け出した。病院までどうやって行ったかも思い出せない。

健司も許せなかったが、それ以上に母のしたことが信じられなかった。

運命の日

その後、何事もなかったかのように生活は続いた。健司も母もそれについては何も言わなかったし、よし子も表面的には「なかったこと」にしていたが、心の中ではどうやって仕返しをしようかといつも考えるようになった。それはある種、苦しみを忘れる逃避だった。

しばらくすると、中断していた村の開発計画が再び動き出した。ただし、よし子の家とは山を隔てた反対側の集落である。

その前段階として、突貫工事で大きな工場ができた。

よし子は迷わず、パートに出ることに決める。

夫とはあの一件以来、一度も寝ていない。それどころか、彼は堂々と母の部屋で寝るようになっていた。

まるで儀式のように、よし子を殴って、そして母の部屋へという、新しい「習慣」ができていた。毎日である。

昨夜も殴られて、気を失ったまま眠ったらしい。

いつもの時間には起きられず、子どもの支度にも手間取っているうちに、すでに出勤の時間は過ぎていた。急いで支度をして走って工場へ向かう。なだらかな坂なのに、この日はきつかった。

「乗ってく？」

軽トラックが隣に止まった。同じ工場で働く角田喜一だ。近隣の都市から出稼ぎに来ているときいた。

「いいの？」

「いいよ、同じところに行くけん。どうでもいいけど、どうした、そのアザ」

「アザ？」

鏡を見る暇もなかったから、アザができているのもわからなかった。

「大変だなあ」

そう言われて、よし子の目が涙でいっぱいになった。

喜一はそれ以上何も言わなかった。工場に着くまでの間、よし子は泣き続けた。

「帰りも送るから、待ってな」

工場での喜一とよし子の持ち場は別で、よし子は喜一より30分早く勤務が終わる。しかし、喜一を待って車で送ってもらうほうが、バスを待って帰るより早く帰れる。

こうしてなんとなく、毎朝家から10分ほど歩いた鎮守《ちんじゅ》様の前で拾ってもらい、帰りも同じところで降ろしてもらうようになった。

その日は給料日だった。

給料袋を大事にバッグに入れて、今日が出稼ぎの最終日だという喜一の車に乗り込み、その日に限って家の前まで送ってもらった。車を降りようとした瞬間、畑にいた健司の激しい声が聞こえてきた。

「お前、誰といるんじゃ〜！」

こちらに走ってくるその手には、大きな鎌が握られていた。

「その男は誰じゃあー！　お前のようなもんは二度と帰ってくるな〜。姿を見せたら、子どもたちは皆殺しじゃー！」

門の端にいた悟が叫んだ。入院していた3番目のあの子だ。

「お母ちゃん、逃げてー！」

健司の鎌が軽トラックに命中しそうになって、すんでのところで外れた。

「お母ちゃん、逃げて！　お母ちゃんがいたら、おれら殺される！」

子どもの声が刺さる。

「お母ちゃんがいたら、お母ちゃんもおれらも殺される！　おばあちゃんがいるから、大丈夫だから！　逃げて！　殺される！」

よし子が躊躇していると、喜一がさっと手を伸ばして助手席のドアを閉めた。

「一緒に逃げよう」

軽トラックは猛スピードで走り始めた。

後ろを振り向くと、相変わらず鎌を振り回し続ける健司と、遠くのほうに母の姿が見える。

健司は本当に子どもを殺しかねない男だ。よし子がおぶっていた8カ月だった悟をめがけて鎌を投げてきた日のことを思い出す。戻ったら、自分も子どもも本当に殺されるだろう。

親だったら、命がけで子どもを守りたいと思う。

でも自分の母親はそうではなかった。むしろ娘から夫を奪って平気な人だった。

いったいあの二人は何がしたいのだろうか。

ただただ、邪魔者である自分を追い出したかっただけなのかもしれない。であれば、今日は彼らにとっていい口実になっただけだ。

村が見えなくなって日も暮れた。よし子は行くあてなどないことに気がつく。

喜一が言った。

「おれらは、こういう運命なんだ」

運命……。

それは突然に回り出すのだ。

「私、生まれてきてよかったんでしょうか？」

出稼ぎを終えて故郷に戻る予定だった喜一は、よし子とともに東京で暮らすことを決意する。

喜一はすぐに仕事が決まった。真面目に働く夫と支える妻。なんと平穏な日々だろうか。

５人の子どもを置いて駆け落ちしてきたひどい母親だなんて、誰が知ろうか。

残してきた子どもたちのことは心配だった。夜も眠れない日々が続いた。時折、電話をかけてみた。決まってなぜか悟が出る。ほっとして、またしばらくすると電話する。その繰り返しだった。

しかし一方、５人の子どもたちの育児にあたふたしている母と夫の姿を想像すると、正直、心のどこかに「ざまあみろ」と言いたくなる気持ちもあった。家にいたときは私が一人で全部やっていたことなのだから。できるもんならやってみろ、と意地悪な気持ちにすらなった。

喜一は何もかもが健司とは正反対だった。穏やかで優しく、酒は一滴も飲まない。そんな人に、人妻と駆け落ちするなんて大それたことをさせてしまった。

離婚もできていない自分が喜一にできることといえば、喜一の子どもを産んであげることぐらいだ、とよし子は思った。

ほどなく妊娠した。喜一にそっくりな赤子が生まれた。冬美と名づけた。

どれほどうれしかったことか。

その先に「落とし穴」が待っているなど、そのときにはまったく気づかなかった。しかしまもなく、役所に行って、離婚ができていないよし子の子どもは、健司の子になってしまうため届けを出せないことがわかり、冬美は無戸籍児となった。

「私はいないほうがいいんじゃないかと。私が生まれたばっかりに、両親を苦しめてしまったのではないかと思うんです。私、生まれてきてよかったんでしょうか?」

母の過去を話し終えた冬美はそう言って、また泣いた。

「お母さんも大変だったよね。そんな過酷な状況で冬美ちゃんを育てたんだから。今、冬美ちゃんがこんなに素直な子に育ったのは、本当にご両親があなたのことを大切に思ってくれたからだと思うの。あなたは生まれてきて、絶対よかったよ」

心の底からそう思った。つらい人生だったとはいえ、冬美はまっすぐに、そして聡明《そうめい》に育っていた。無戸籍に悩みながらも、自分のことより親を気遣う姿にも胸を打たれた。

「早速、戸籍取得に向けて動き始めましょう。まずは弁護士の先生と相談かな。また連絡するけど、そのときはお母さんも来られるかしら?」

「はい、伝えてみます」

私は冬美と別れ、電車に乗った。

日本人の証明――雅樹の場合Ⅱ

区役所の窓口で

冬美に会った翌々日、関西からとんぼ返りして雅樹に再び会う。

まずは、一緒に家庭裁判所に相談に行った。さんざん待たされた末に通されたのは狭いブース。現れた担当者に「無戸籍」の件と告げると、相手が明らかに一瞬、動揺したのが見て取れた。

初めに「通常の無戸籍の場合」の手続きについて説明を受ける。だが、最後に担当者はこう言った。

「あなたの場合は、この手続きでは戸籍はできないと思うので『就籍』ですね。そのための要件としては、まずは日本人であることの証明ができる資料を提出してください」

「だから……」

思わず、返す言葉にいらだちがにじんでしまう。

父も母もわからない子は「日本人であること」も、逆に言えば「日本人ではないこと」も証明できないのだ。それができるのならば、そもそも「就籍」など申し立てない。出生証明書があって、母が生きていさえすれば、別のやり方があるのだ。

雅樹もちょっとイライラしていた。

「もし裁判で、今さら日本人じゃないと言われても困るんですが」

確かにそうだ。彼はここまで日本で生きてきた。それを突然「日本人であることを証明できなかったからほかの国に行ってくれ」と言われて、いったいどうしろというのだろう。

その質問には答えず、担当者は「就籍」の申し立て用紙を取りに奥に戻った。

ブースには棚があって、申立書の類《たぐい》はそこに各種そろっているのだが、「就籍」の用紙はさすがになかった。

家庭裁判所での相談を終えて、地下鉄に乗って区役所に行く。

次は、住民票についての相談だ。

裁判所で待たされたこともあり、到着したのは午後4時40分だった。

総合相談窓口へ行くと、中年の女性が対応した。

「無戸籍？　住民票？　そのことに関してはここではわからないから、住民票の係に行ってください」

住民票の係に行くと、

「無戸籍ですよね？　それは総合相談窓口！」

年かさの職員が無愛想に答える。

「いや、総合窓口で住民票の窓口に行けと言われたんですが」と言うと、彼は突然怒り出した。

「無戸籍？　うちじゃないだろう、それは戸籍係だよ！　何度言わせるんだ、戸籍係だって！」

つまりはたらい回し、である。

戸籍係の前で、順番のカードを引いて待っていると、先ほどの総合相談窓口の女性がバッグを持って、窓口から出てきた。

勤務時間が終わるところだったのか。

なるほど、そんなときにややこしい案件が来たら大変と、だからこそあんな対応だったのだと納得する。

戸籍窓口の順番が来た。

「あ、それは裁判所に行ってください」とあっさり言われる。

「あの、今、裁判所に行ってきたんです」

「それ、すんでからまた来てください」

「え？　それでおしまい？」

「はい。裁判所へ行ってください」

「無戸籍の人が相談に来ているんですが、名前も何も記録しなくていいんですか？」

折しも、国の無戸籍者実態把握の調査が始まったところだ。

「いいえ、私たちには、裁判所に行ってくれと伝えるように言われているだけで、ほかは指示されていません」

「あれ？　戸籍窓口では、無戸籍者が来たなら、とりあえずはその人の年齢やなぜ無戸籍となっているのかなどの事情を聞かなければならないはずだと思うんですが？」

私はもう一度念を押した。

「いいんですか？　連絡先とか聞かないで？　調査があるんじゃないですか？」

「は？　別にいいんです、聞かなくても。裁判所で手続きしてください、と伝えれば」

女性職員は、そう言い張るばかりだった。

午後5時。役所の窓口受付の終了時間ぴったりに「相談」は終わった。

急に変わった対応

しかし、この「厄介払い」をするような役所の態度はどうなのだろうか。

実はこのとき、録音機を持っており、私と役所のやり取りはしっかり記録されていた。

　これを雅樹のことを追いはじめたテレビ番組の記者とプロデューサーに聞かせると、彼女たちは早速、その区役所に取材の申し込みをした。

　雅樹の場合は取り急ぎ、「住民票」が必要だった。「住民票」があれば役所にややこしい説明や交渉をしなくても健康保険が手に入る。27歳と若い彼だが、最近体調がすぐれず、健診を受けたいのだという。健康保険がなければ医療費はすべて自己負担。高額なものになってしまう。

　ともかく「善は急げ」で、翌朝には自分の今までの生い立ちを書いた下書きを東京・赤坂にある「リオ・パートナーズ総合事務所」の南裕史弁護士のところに持っていき、その場で加筆・訂正をして「申立書」の形式に整えてもらい、そのまま家庭裁判所に行って提出した。

「申立書」といっても、過去がわからないことばかりの雅樹の場合は、書けることがそもそも少なく、そのへんは逆に楽であった。

　家庭裁判所では申し立てが受理され、係属中であることを証明する「係属証明書」を出してもらって、その足でまた区役所に行く。

　すると、昨日とは打って変わっての態度である。事前に取材が入ると連絡があったからに違いなかった。

昨日は、難しいというような話であったのに、今日は住民票も出す方向で考えている、と言う。

今日、住民票交付の手続きをしたら、そこに本当に住んでいるかどうかを確かめに役所の人が行くという。家の中までは入らないが、持っている鍵で部屋が開くかどうかを確認できればいいのだそうだ。その上で、住民票の担当者と責任者3人と面談をして、発行できるかどうかを審査するという。

実際この日はテレビ取材のクルーも来ていたからか、すべて「別室」に通されて丁寧な対応をされた。

「ここからの対応はご本人だけでお願いします」

雅樹だけが最終面談の場所へと移動していく。

「嘘をついているかいないかは、目を見ればわかる」

関係者だけになって雅樹が最初に言われた言葉だ。

嘘をつく?

たとえば外国人が日本人になりすましたいとか、あるいは日本人でも借金などから逃れるため、戸籍や住民票を不正に取得しようとするケースが実際にある。疑いの目を向けられるのもある意味仕方のない部分があるのだ。

「おれの目を見ろ!」

住民票の責任者は雅樹を凝視した。

雅樹も見返す。睨み合う二人。

申し訳ないが、それを聞いて私は思わず笑ってしまった。いかにも、日本の役所という感じだ。

「ほんとですよね」

雅樹も笑った。そして言った。

「疑われているんですよね」

笑いをかき消す、つらいひと言だった。

別の誰かではない証明

家庭裁判所からの呼び出しもほどなく来た。

調査官との面談の1回目は、申立書に書いてあることの確認。2回目は前回話したことに加えて、もう少し突っ込んだやり取りとなった。さらには指紋採取があると聞かされていた。

「指紋なんですが、今、取っても大丈夫ですか？」

「はい。どうぞ。これでいいんですかね？」

すべての指の指紋を取られる。

調査官は、雅樹が指紋採取に素直に応じたことに少なからず驚いていた。

「成人での就籍の人はみんなこれを嫌がるんです。『疑っているのか』と怒り出す人もいますし、『次回は指紋』と言うと、申し立てていた人の半分が来なくなります。そうなると、ちょっとやっぱりこちらとしては……」

と調査官は微妙な顔をして雅樹を見た。

「言っている意味はわかります。疑わざるをえない、ということですよね」

「……。ところで、予防注射はしたことがありますか？」

「覚えがないので、たぶん、したことはないかと」

「その年代だと普通、ＢＣＧ、判子注射とも言うんですが、その跡が残っていると思うんです」

「はあ。病院自体に行ったことがないので……」

「たとえば……僕にはあるので、見せましょうか？　僕もワイシャツを脱ぐので、近藤さんも確認してみませんか？　嫌ならいいですが」

「睨み合い」の次は「脱ぎ合い」か。

いや、茶化している場合ではない。ここでひるんだら、戸籍を取ることは難しくなってしまうだろう。

自分が知らなくても「オカン」が連れていっているかもしれない。だとしたら本当は戸籍がある？　あるいは日本ではないどこかの国の、違う形の予防接種跡があったらどうしよう……。

雅樹の頭の中に一気に不安が押し寄せる。

もしそうだったとしても仕方がない。自分のあずかり知らないところで起こったことなのだから。

雅樹もワイシャツを脱いだ。下着は着ていないので、上半身裸となった。

調査官がどれどれと雅樹の両腕を見る。

「ん――――」

緊張が走る。

「ない、ですね。どちらの腕にも。予防接種はしていないですね」

ほっとして、力が抜ける。

「自分が近藤雅樹であることの証拠を探す」というより、「別の誰かではないということの証明」をするのが裁判所なのだと気がつく。

指紋もそう。予防接種もそう。

「じゃあ、あとは補足の資料を。この間話したように、大阪で写真を撮ってきてくださいね。思い出せる場所の写真を、できるだけ多く」

ふーっと、疲れまじりのため息が漏れた。

無戸籍者に「人権」はない？

もし誰かが戸籍の偽造をしようとするなら、「就籍」という手続きを取るのは愚の骨頂だろう。偽造をたくらんで、うまくごまかせたと思っても、嘘は意外なところから暴かれるに違いない。

しかし、雅樹はそれを疑われている。たぶん、申し立てをしたときから、身の回りのすべてが調べられているに違いない。何の疑い？　スパイ、犯罪者のなりすまし、それとも？

この国では、無戸籍者に「人権」はないに等しい。

一人の人間として認められるまでは、どのような扱いをされても文句は言えない。指紋を取られ、裸にさせられて調べられる。その方法は犯罪者の取り調べと同じだ。

そんな扱いを受け続けると、本当に何か悪いことをしているかのように思えてきてしまう。それに耐えたとしても、最後の最後まで緊張の連続だ。

そんなことをして戸籍を偽造するくらいなら、むしろ偽装結婚や戸籍を買うことのほうがまだ楽に簡単にできるのではないか、とまで思ってしまう。

インターネットの掲示板では「無戸籍者」に対して、「韓国籍の人が日本人の戸籍を不正に取得しているのだろう」「中国籍に違いない」という誹《ひ》謗《ぼう》中傷《ちゅうしょう》の投稿がかまびすしい。「韓国籍」であろうが「中国籍」であろうが、どこかの国で登録されていればその国の保護を受けながら「帰化」という手段も取れるのだから、わざわざ「就籍」という方法をとるのは、いかにも割が合わない。

裁判所や役所で、自分が封印してきた過去を繰り返し話すそばから、配慮のない言葉が返ってくる。まるで取り調べのような対応にも文句を言わず、つらい顔一つせず、ニコニコと応じなければならない。自分が「誰にも守られていない」という事実を何度も何度も突きつけられながら。

だが、それでも、戸籍が欲しい。

幻の出生証明書——百合《ゆり》の場合Ⅰ

冷たい対応

「無戸籍です。妊娠しています」

続いて入ってきた相談は、メールだった。

妊娠しているということなので、緊急での対応が必要と思われる事案だった。教えてもらった番号に電話をし、翌日、東京郊外の彼女の家の最寄り駅で待ち合わせた。

そこに現れた佐々木百合は32歳。ごくごく普通の、かわいらしい女性だった。妊娠4カ月になるところだというが、お腹《なか》もまださほど目立ってはいない。

ともかく住民票を持っていないため「母子手帳」がもらえない。母子手帳を持っていないことで産婦人科で嫌みを言われ「次には必ず持ってきてください」と言われたため、そこには行きにくくなった。3日前、別の産婦人科を受診したら、その産院は3カ月後に閉院となる予定で、出産予約は別の病院で取ってくれと言われ、途方に暮れているとのことだった。

「母から聞いている事情は……、私を出産したとき、病院にお金が払えず、とりあえずお金を工面して払いに来るからと言ったら、『では、それまで出生証明書は病院で保管しておきますね』とのことだったそうなんです。

でもそのまま引っ越してしまったので、ずっと、出生証明書がなくて出生届を出せなくて。母は不払いで訴えられたり、警察に捕まるのではないかと思うと怖くなってしまって。ずっと、戸籍がないまま育ちました。妹も……」

「妹さんも?」

「はい、妹は関係ないんですが、そのまま出すと、順番が逆になったり、私だけ戸籍がないのではかわいそうだということで出さなかったみたいなんです。でも、妹は出生証明書があったので、数年前に戸籍ができました」

家の中に二人も無戸籍の子どもがいる。平穏とはかけ離れた日々の暮らしが、この言葉の奥に想像された。

お腹の赤ちゃんのことを考えると、まずは市の保健センターに掛け合わなければならない。

「昨日、市役所に相談に行ったのですが、全然ダメで……。取り付く島もない感じでした」

早速、その場から市役所に電話をする。戸籍係の担当者は誠実そうな口調で、母子手帳を管轄する保健サービスの係につないでくれた。

紹介された保健センターに行くことにする。母子手帳の交付については、今すぐにはできないが、来週にでも家庭訪問をして交付を決めたいと言ってくれた。

とりあえず、よかった。その足で先ほどの市役所の戸籍係にお礼に行くことにする。これから何度もお世話になるところでもあるのだ。

戸籍係は別室に私たちを招き入れると、住民票の係の人も呼んでくれた。その人は席に着くなり、こう言った。

「住民票は出せませんよ」

先制パンチだ。

なるほど、この人に対応されたのであれば、百合がショックを受けたというのも十分理解できる。

前述したが、無戸籍者に住民票を出す場合、戸籍取得のための調停・裁判を申し立てているという「係属証明書」が必要になる。百合のケースは出生証明書がないので母との関係を証明する形の調停・裁判を起こすのだが、証拠が少ないため、通常ケースより手間がかかる。

「そもそもの話ですが、このケースには住民票は出せませんよ！　あなたは民法772条には当たらないから。総務省の通知には772条該当者に対象を限るって書いてあるでしょう」

総務省が出している「無戸籍者への住民票交付の指針」があるのだが、それには対象を「民法772条による」と限定している。

父を確定する調停・裁判の場合には対象となるが、母を確定しなければならない百合の場合には当たらないというのだ。

しかし雅樹のように父母がわからず「就籍」申請中の場合であっても、住民票を交付している例もあるし、なにしろ百合は妊婦なのだ。もう少し柔軟な対応があってもいいのではないかと思う。

とりあえず役所を出る。

「赤ちゃんの父親と結婚するのも選択肢の一つだよ」

私は百合に言った。

過去において、無戸籍者が籍のある者と婚姻することによって、その存在が「公」となり、戸籍はできていないものの、住民票に登録できたケースがあった。

「ずっと結婚の話は出ているのですが……。無理だと思ってはぐらかしてきたんです」

そう、百合は一緒に暮らして4年になる、赤ちゃんの父親でもある田村圭太に、自分が無戸籍だとはまだひと言も告げていないのだ。言おうと思っては躊躇する、の繰り返しだったという。

「今日は必ず言います」

そう言って百合は家に戻っていった。

百合に必要なのは何よりもまず、自身の出生証明書だ。それはどこにあるのか。可能性を探ってみるしかない。

私は百合の母・礼子から話を聞く段取りをした。

母の記憶

礼子の記憶は、曖昧だった。

まず百合を産んだ産院の名前も住所も覚えていない。「当時住んでいた町の駅前の商店街にあったような気がする」というだけの記憶だ。

国会図書館に行って、現在と当時の地図を閲覧する。

33年前の地図では、「駅から続く長い商店街」は幾筋かあり、手書きの表記がさらに目を混乱させる。

一番新しい地図では、駅前の再開発などによって、どの商店街もすっかり短くなっている。

個人病院だと言っていたから、今はすでに閉院してしまっているかもしれない。

「30年前に、この駅の商店街の付近にあった産院を教えてほしい」

パソコンを取り出し、フェイスブックを開いてメッセージを打つ。

こんなときは政治家に友人が多くてよかったと思う。その地区を地盤とする人にアクセスすれば、誰よりも正確で詳しい情報を送ってくれる。

ほどなく返信があった。

「30年前にあったのなら、G医院ではないですか？　それかO医院、D産婦人科、B産婦人科。B産婦人科は今もあります」

念のため、地域の医師会と役所にも電話をし、確認する。医師会では把握していないとのことだったが、役所では過去の登録の記録を調べてくれた。その答えは友人が送ってきたものと一致した。

礼子に確認すると「G医院だと思う」と即答があった。初診と出産時にしかかからなかったが、名前を聞いたときにピンと来たというのだ。

G医院はすでに閉院していた。ただ、今の地図を見るとその住所には同じ苗字《みょうじ》が書かれている。家族はまだいるに違いない。

住所から電話番号を調べて連絡を取ると、いかにも品の良さそうな女性が応対に出た。院長の夫人だという。院長は7年前に亡くなり、それと同時に病院も閉院したという。

とりあえず、百合と一緒にお宅を訪ねることにして日時を決めた。

ゴミ屋敷

G医院は商店街の中ほどにあった。短くなったとはいえ、賑《にぎ》やかな通りだ。両隣を商店に挟まれて、新しい家が建っていた。家の前の駐車場にはベンツが停《と》まっていた。たぶん、ここがG医院のあった場所だ。

表札を確認する。「G」とある。間違いない。

しかし次の瞬間、私と百合は絶句して顔を見合わせた。

そこには思いがけない光景が広がっていたのだ。

駐車場の車以外の部分は青いビニールシートで覆われた荷物であふれ返っていた。ブルーシートの隙間から、病院で使っていたであろう回転椅子がのぞいている。

門の中の家の様子をうかがおうとするが、まずは門から中にも入れないように荷物が積まれている。たぶん家の中も同じ状態だろう。

磨《す》りガラスの窓の向こうにも、山のように荷物が積み上がっているのがわかる。何か規則性があるわけではなく、とりあえず重ねたであろうさまざまな色と形がぼんやりと見える。

それはテレビなどで何度か目にしたことのある「ゴミ屋敷」そのものだった。

「いらっしゃい。お待ちしておりましたのよ」

ぎょっとして声のするほうを向くと、駐車場に停めてあったベンツの中からだった。ドアを開けて夫人が降りてきた。どこから見てもお上品な「院長夫人」だが、薄いニットのカーディガンの袖口近くに、小さな虫食いがあった。

「車の中へどうぞ。お茶でも差し上げるわ」

ベンツの中を見ると、後部座席は雑誌、ぬいぐるみ、ラジカセなどでいっぱいだった。かろうじて乗れそうな助手席の脇には、紙コップとペットボトルの麦茶が用意されていた。

まさかここが「リビング」代わりだというのだろうか。私たち二人、どうやって座ればいいのか。再び百合と顔を見合わせる。

「あの、妊婦なので、車の中はちょっと窮屈かもしれません。もし近くにあるなら喫茶店でいかがでしょう?」

恐る恐る提案してみた。

「あら、そう?　それもそうね、妊婦さんだったのよね」

あらかたの事情は電話で話していたので、G夫人はすんなり納得してくれて商店街の喫茶店を目指して先に歩き出した。

スタスタと歩くG夫人が80歳を超えているということも、真新しそうに見える家の玄関どころか駐車場にまで荷物があふれ、あげくは車の中を「リビング」として利用していることなども、すべてが想定外すぎて、なんだか現実のこととは思えない。

喫茶店に落ち着き、百合が改めて出生証明書を手に入れたいと申し出た。院長が亡くなった今となってはとても無理だろうと思いつつも、頼んでみるしかなかった。

「当時は結構いらしたんですよ、お金を払わない方。払えない方には半額ずつとか、分割でとか、そういうこともしていたんですよ。出生証明書はね、病院もそりゃ、無料ですってわけにはいかないから、そこはお金をいただいてからでないとね」

G夫人は当時、病院で経理を担当していたという。

「皆さん、小学校に入学するときに、なんでしたっけ？　通知が来ますわよね。あれが来ないと大変だといって、慌てて払いに来たり、『払えないけどどうしましょう』って言うから、そういう方にはお渡ししていましたよ。百合さんのお母様も、そのときに来てくださったらお渡ししていましたのに」

たぶん、百合のようなケースはほかにもあったのだろう。そしてこの病院だけではなく、日本中の産院で同じように出生証明書を、言葉は悪いが「質草」にしていたところはあるはずである。

「もちろん、できることは協力させていただきますよ」

G夫人は言った。

「出生証明書なんて大事なものは、本当に大事に保管していましたからね。ただ、さすがにもうないと思うわ。主人が生きていたときだったら、何とでもして差し上げたのに」

「当時の助産師さんなどには連絡がつかないでしょうか？」

そう聞くと、G夫人は百合に向かって言った。

「あら、あなた、あっちゃん、覚えている？　あなたのときはあっちゃんだったかしら？　あっちゃんが来る前かしら？」

「あっちゃん」とはG医院に住み込みで働いていた看護師だと言う。夫妻がとてもかわいがり、後に助産師の資格を取らせたそうである。今でも交流があるらしい。

「覚えているかと言われても……」

百合は当惑しながら言った。

「あら、そうよね。お母様に聞くべき質問だったわ。あ、でも違うわね、あっちゃんが来ていたときとは時期が違う」

空振りでもいいので「あっちゃん」に会わせてほしい、とお願いするが、G夫人ははぐらかした。

その後はG夫人の昔語りが始まった。

子どもの頃に通った学校のこと、親は実業家だったこと、夫との出会い、海外旅行の話や友だちが次々とボケてしまって悲しいことなどなど、2時間ほど「お話」を聞いた。

ゴミ屋敷化した家の話には、ほとんど触れなかった。

百合はずっと黙って聞いていた。少しせり出してきたお腹に座ったままの時間はつらかっただろう。

埋もれた「出生証明書」

G夫人と別れてから、私は百合に言った。

「家の中か、あのブルーシートの中にあなたの出生証明書、あるような気がするんだけど」

「私もそう思います」

それは確率的にかなり高いような気がした。

一方で、G夫人が家の中に入れてくれる確率は限りなく低い。

「ゴミ屋敷」の中には、「今は働いていない」という50歳になる娘が引きこもっているらしいのだ。

なんという皮肉だろう、と思わずため息が出た。

G夫人は裕福な家庭に育ち、高い教育も受け、教養もある。その時代にはお転婆《てんば》と言われただろう大胆な行動力で好奇心を満たしながら、優しく経済力のある夫の庇護《ひご》のもと、子どもたちにも同じような教育を施した……。と、夫人の話だけを聞けば、つまりは誰もが憧れるような「何不自由ない暮らし」となる。

しかし、だ。夫亡き今、その暮らしは「捨てられない大事なもの」「捨てるには惜しいもの」「捨てようかどうしようか迷っているもの」でどうにもならないほどあふれ返り、家からはみ出してしまうほどになっている。

自分でできなければ、誰かに整理をしてもらえばいい、と思われるかもしれない。しかし、それらは「人には見せたくないもの」「見られたくないもの」なのだ。今日にも、明日にも、整理をしなければならないことはわかっているのに、気がつくと月日の年輪分だけ重く、かさばった荷物を前に、手をつけられずにいるのだ。

それはいみじくも百合の母・礼子が私に語った言葉と重なった。「気がつけば一年、また一年と月日が経ってしまった」と。

二人の抱える心の弱さがはからずも共通しているような気がして、切なさがこみ上げてきた。

ブルーシートの下、玄関ドアの前の大量のゴミ。外からもうっすらとわかる、ものにあふれ返った家の中の様子。

百合の「出生証明書」は、それらのゴミをちょっと動かせば、どこからでもすぐに見つかりそうな気がした。

姿を見ることもなかったG夫妻の娘と一緒に宝探しをしたら、別の何かまで見つけられたかもしれない。

そんな想像をめぐらせても、百合の出生証明書は出てこないのだが……。

無戸籍者の婚姻届

夜中の12時を回ったぐらいに百合からメールが入った。

「彼が、『なんで今まで話してくれなかったの？』って言ってくれて……。3日後の私の誕生日に結婚しようということになりました」

良かった！

しかし、この場合の婚姻は可能なのであろうか？　あの頭の固い住民票の係が出てきて、難癖をつけ、阻止されることもありえそうだ。

翌日、まずは法務省に確認する。

「婚姻はできます」

それだけでいい。

続いて市役所の戸籍係に電話して、婚姻に必要なものを聞く。

「出生証明書がないわけですから、父母の陳述書が必要ですね。ほかにできるだけ多くの写真」

あと2日でそれが用意できるだろうか……。不安だったが、百合の誕生日に婚姻届を出したいという二人の気持ちを大切にしたかった。

「じゃあ、当日の朝、私がお母さんに会って、写真をもらって、陳述書もお母さんの話を聞いてパソコンで打つわよ」

「本当ですか？　ありがとうございます！」

妊婦の百合ができないことは、なるべく代わってやってあげたいと思った。


婚姻届を提出する朝、ラッシュにもまれて、百合の母・礼子が住む東京郊外の駅に向かう。

落ち合った喫茶店で礼子は5枚ほど写真を出してきた。

赤ちゃんの写真、ちょっと大きくなってからのおしゃまな写真、反抗期なのか、ちょっと斜めに見ている写真……。10代後半に父母それぞれと撮ったものは、すでに今の百合と同じ顔をしている。

礼子の話を聞きながら、パソコンで陳述書を打つ。

「今日が百合の誕生日ですが……彼女が生まれたとき、雪が降ったんです。東京でも珍しく」

子どもの誕生した日の天気を母親が忘れないのはなぜなのだろうか。

聞き取りが終わって、席を立とうとしたときだ。

「これ、もらっていいですか？」

礼子は私が使わなかったスティックシュガーを指差した。

もったいないから、という理由ではない。

日々の生活にとって、切実に必要なものなのだろう。

「ええ、もちろん、どうぞ」

細いスティックシュガーは彼女の抱えていたバッグの中に入る。

それはこの日の1時間の話よりも雄弁に、彼女と家族の過去と今を語っていた。

礼子と別れてから、私は東京駅に出て、落ち着ける喫茶店に入り、先ほど書いた陳述書を添削し、形式を整えた。


作った陳述書は次のようなものだった。

陳述書

この度の娘佐々木百合（無戸籍）の婚姻届提出に際し、百合の両親として、出生届提出に至っていない経緯と現在の心境をお伝えすべく陳述書を提出いたします。

市長におかれましては、何卒《なにとぞ》ご理解をいただき、できる限り速やかに婚姻届を受理いただき、人並み以上に苦労をさせてしまった百合と田村圭太さんの新しい門出をお励ましいただき、また百合に宿る新しい命を大切に育んでいこうとする二人にお力添えいただければ、幸いに存じます。

無戸籍となっている経緯

百合は昭和57年2月23日に東京都☆☆区☆☆町☆丁目☆－☆☆G医院において、父信夫、母礼子の第４子として出生いたしました。

私ども夫婦は昭和41年に結婚し、以降、同年に長女由美、昭和43年に長男和彦、昭和48年次男豊、昭和57年次女百合、そして昭和62年に三女優香と、5人の子宝に恵まれています。

5人きょうだいは当時でも珍しいことではありましたが、子どもたちと賑やかに暮らす日々は何にも代え難い幸せを与えてくれ、百合も家族にとっては心から待ち望んで誕生した子どもでした。

百合の出生前後、父信夫は建築関係の仕事をしていました。母礼子は子どもが多いこともありフルタイムで働く状況にはなく、基本的には専業主婦として家におりましたが、金銭的に苦しくなると時たまパートに出て家計を助ける生活をしておりました。

そんな状況でしたので、百合を妊娠したときには、何度も健診に行く時間的・金銭的余裕もなく、初診でG医院を受診して以来、臨月まで妊婦健診は受けていませんでした。お産が始まり、お腹が痛み出してから駆け込んだところ、快く出産を受けてくださいました。

産後も順調で6日間入院した後、退院となりましたが、恥ずかしながら出産費用20万円弱が払えず、兄弟などにもなんとか借りられないかとお願いしましたが断られました。

その旨を病院に伝えたところ、出生証明書を預かるので、お金ができたところでそれと引き換えに渡すと言われました。

退院後も出生証明書をもらいに行かなければ、と気になりながらも、産後すぐということもあり、働くこともままならず、20万円というお金を一括で工面することができませんでした。

百合が2、3カ月を迎えた頃でしょうか。申し込んでいた隣の市にある新築の公団住宅の抽選に当たりました。当時住んでいた☆☆区の家には風呂がなく、新生児はもとより、多くの子どもたちを銭湯に連れて行く生活は困難であったため、即、引っ越しを決めました。

もちろん病院への未払いや出生届を出すことができていないことについては気にかかっておりましたが、まずは生活の基盤を作り、その後、落ち着いて取り組もうと思いました。

ちょうど百合が1歳の誕生日を迎える頃から、中学を卒業した長女が家で百合の面倒を見て、礼子が働きに出ることが可能という状況になりました。

長女については高校受験をし、志望校にも合格しましたが、生活が苦しいことから進学を断念、百合の育児も含め家事を手伝うことになったのです。16歳の長女が働くよりも母親である礼子が働いたほうが家計の助けになるという判断でした。礼子が外に出られるようになって、ようやく区役所に百合の出生届についての相談に行くことが可能となりました。

そのときの対応者の威圧的な反応をどう表現してよいのかわかりません。

出生届を出さず、また出産費用も払っていない私ども夫婦は犯罪者扱いでした。

その語気の荒さに、このままいくと、私たちは逮捕され、刑務所に入れられてしまうのだと確信しました。

今思えば、そこは誤解だったのですが、無知がゆえにそう信じ込んでしまいました。

もし私どもが捕まったら、子どもたちは誰が面倒を見るのかと、さまざまな心配が頭をよぎり、二度と相談には行けませんでした。百合には本当に申し訳ないことですが、出生届を提出せず、子どもを育てようと決心しました。

こうした状況にもかかわらず、百合は快活で、しっかり者に育ちました。親が驚くほどの努力家でもあります。百合が誕生してから5年後には妹の優香も生まれましたが、百合に戸籍がない中で、今、優香を登録してしまえば子どもの出生の順番が変わってしまう、それでは百合がかわいそうとの思いで、優香の出生届も提出しませんでした。ただ、百合のこともあったので、優香を出産した病院からいただいた出生証明書だけは大切に保管しておりました。

就学について

百合は小学校・中学校も通っておりません。これは優香も同じです。

当時は、無戸籍のまま小学校・中学校に通わせることが可能だとも思っておらず、また通わせることで前述した通り私たちが捕まってしまったら子どもたちが困るという考えが頭をもたげ、役所に相談に行くことすら躊躇しておりました。

それでも百合は近所の児童館に通ったり、バスケットボールチームに入ったりと積極的に外に出ていました。

百合が中学校に入る年齢ぐらいになったとき、その姿を見ていてとても不憫になり、当時隣の市に学齢期に学校に通えなかった人たちのための学校施設（夜間中学）があると聞き、一度相談に行きました。もし何かあっても上の子どもたちはすでに自立した年齢になっていたので、以前より捕まることへの恐怖心は薄れていました。しかし、家族の誰かがその市に住民登録していないと入学は許可されないと言われ、断念しました。

この時期にも出生届を出そうと何度か思い立ってはくじけました。言い訳にはなりますが、日々夢中で子育てをしている中で、気がつけば1年、また1年と月日が経ってしまったというのが実際のところです。

成人後の百合

百合が20歳前後の頃、父信夫と大喧嘩《おおげんか》をしました。口論にどうしても折り合いがつかず、信夫は百合の持ち物の一切合切を家の外に投げ出し、「二度と帰ってくるな」と言いました。ショックを受けた百合はその日から家を離れました。戸籍も住民票もなく、家も借りられない彼女が、どうやって生活をしていくのだろうと、私たちは本当に心配しました。しかし姉たちの助けもあってか、また持ち前の明るさからか、なんとか自立したことには親ながら感心しています。

百合が家を出てから、妹の優香は「なんで自分に戸籍がないのか」と泣いて訴えるようになりました。姉の状況も話し理解を求めましたが、とうとう観念して優香の出生届を提出することにしました。市役所に書類を提出すると、まもなく法務局から照会があり、本人への聞き取りや、小さい頃の写真などを提出したところ、これなら間違いないとすぐに出生届が受理されました。

ただ、そのときには百合の存在については隠しました。言ってしまうとややこしいことになってしまい、優香の戸籍も取れなくなってしまうのではないかと思ったからです。

このときに、百合の戸籍についても何か動いてあげればよかったと、今では後悔しています。

田村圭太さんとの婚姻について

百合から田村さんを紹介してもらったのは2年前のことです。

田村さんのお母様ともお会いし、本当に良い方と巡り合ったと心から喜びました。

そのときに籍を入れる話も出ましたが、無戸籍であるとはとても言えず、どうしたらよいかと思案したまま月日が経ってしまいました。

昨年の暮れ、百合から会いたいと連絡がありました。年が明けて会うと「子どもができた」と報告を受けました。

百合のためにはもちろんですが、生まれてくる子どものためにも戸籍の件をなんとかしなければならないと、私たち夫婦もできうる限りのことをすることを決意しました。

出生証明書がないため、今後、母子関係を証明する調停・裁判をするつもりでおりますが、過去の事例を聞いても調停・裁判には時間がかかるとも聞いております。百合と田村さんはそれを待たずに、まずは婚姻し、夫婦となって家庭を作り、安定した基盤の中でお腹の子どもを育み、産みたいと望んでいます。

33年間、親が果たせなかったことを引き受けてくださるという田村圭太さんには、どれほど感謝してもしきれません。

最後に

本日2月23日は百合の誕生日です。

百合には、親の不甲斐《ふがい》なさから無戸籍となり、しなくてよい苦労ばかりを背負わせてしまいました。

本当にごめんなさい。どんなに謝っても取り返しがつかないことはわかっています。

ならばせめて、こうして私ども夫婦の思いを市長はじめ市役所の担当者の皆様にお伝えし、百合が私ども夫婦の子どもであることをお認めいただくことで、婚姻届の受理をしていただけるよう伏してお願いいたします。

親として最後の務めとの思いで、精一杯書かせていただきましたが、至らないところ、足らざる部分もあると思います。その際は何なりとお申しつけくださいませ。

今日からが百合の本当の人生の始まりです。

私ども両親は、最愛の人とともに新たな扉を開いて幸せな日々を生きようという選択をした娘百合を、心から誇りに思っています。

そして、本年8月に予定される百合の出産に際しては、百合が誕生したときと同じくらい、いえ、それ以上の喜びを、百合と田村さん、田村さんのご家族とともにわかち合いたいと思っています。

市長はじめ関係の皆様には誠に恐縮には存じますが、ご高配のほど重ねてお願い申し上げます。

婚約者の困惑

推敲《すいこう》が終わり、コンビニを探してプリントアウトする。

それを持って市役所に向かった。待ち合わせの時間通りだ。

入り口では百合と夫となる田村圭太が待っていた。心なしか緊張した表情の田村に、初対面の挨拶をする。

「田村さんも突然のことでびっくりなさいましたよね？」

「はい。百合のことはどこかおかしいな、と感じていました。『陰』があるなと。しかしよもや『戸籍がない』などとは思いもつきませんでした」

「そうですよね。たとえば離婚歴があるとか、そんなような話だと思ってました？」

「はい。『無戸籍』の人がいるということは報道で知ってはいましたが、それがどんな状態なのかなんて何も知りませんでしたから」

田村が差し出した婚姻届を受け取り、私は証人の欄にサインをした。婚姻届には二人の証人が必要だが、もう一人は田村の母がなっていた。

通常、婚姻届は提出すれば終わりである。

ところが無戸籍の場合、そうはいかない。

個室に呼ばれ、入れ替わり立ち替わり役所の人間が説明に来て、ああでもない、こうでもないと手続きがいかにイレギュラーかということを言ってくる。

帰り際、田村は「正直、話についていくのが精一杯でした」と言った。

「百合にとってこれまでの人生はこの毎日が連続していたかと思うと、どれほど大変だったのかと今日のこの時間だけでもよくわかりました」

こらえきれなかったのだろう、百合の目から涙がこぼれ落ちた。

百合は田村にはずっと高卒だと嘘をついてきた。通っていたという学校は友だちの学校で、その友だちから聞いた話をそのまま田村にしていた。田村は疑わず、そう思い込んで付き合ってきた。仕方がなかったとはいえ、「騙《だま》していた」期間は4年間に及ぶ。

そのことが百合には何よりもつらかったという。

無戸籍者にとって最も苦しいのは、愛する人にさえ、嘘をつかなければならないときがあるということだ。

婚姻届はまだ受理されていない。

ともに暮らしていても、住民としては登録すらされない妻がいるという現実。

「疑問というより、心の底から、怒りのようなものがわいてきました」

田村の言葉は無戸籍者たちの思いを象徴していた。

第3章　「無戸籍」に翻弄される家族

影に帰った無戸籍者――明の場合I

届かなかった支援

明だ。明に違いない。

上野駅でタクシーに乗り、ふと窓の外を見ると、そこには東京駅ではすっかり見かけなくなったホームレスたちが集まり、酒盛りをしていた。

その中の一人が明に酷似していた。

明の名前を思い出すたび、苦い思いがこみ上げてくる。彼は私が支援する中で、「失敗した」と思っているいくつかのケースの一つだからだ。

「失敗」という言葉は適当ではないかもしれないし、原因は私のせいばかりではないかもしれない。明本人が、戸籍を取ることをやめてしまったのだから。

彼との出会いもまた電話だった。

「大阪府の白石様からコレクトコールがかかっています。料金は井戸様のご負担になりますがよろしいでしょうか？」

……今どき、コレクトコール？

一瞬愉快犯かなとも思い、断ることを考えたが、いったい誰なのかを知るだけでもいいと思って出ることにした。

気配を消して生きる

電話口からは、か細く弱々しい声が聞こえてきた。

「あの……、すいません、白石明と……、言います。40歳で……、戸籍がないんです。母親とは……、19歳のときに別れた……、きりです。僕のようなものも……、支援してくれますか？」

よく聞き取れない。

「戸籍がないんですよね？　40歳？　お母さんは亡くなっているのですか？」

聞き直す。

「いや。母親は……、どこにいるのか……、わからない。死んでいるかも……、生きているかも……」

「今、どこからですか？　西成《にしなり》？　明日だったら会えるけど、西成はどの駅が一番近いですか？」

神戸に住んでいると意外に大阪とは距離がある。関西に住み始めて十数年になるが、西成地区に行くのは初めてだ。

「じゃあ、新今宮の駅で午後2時に。もしわからなくなったら、携帯電話の番号を教えるから、またコレクトコールして」

明との待ち合わせの場所に行くが、時間がきても彼はいない。ぐるりと見渡してもそれらしき人はいなかった。

困ったな、と思って壁側を見ると、影が急に動き始めて、「うわっ」と思わず声が出た。

動いた影は明だった。

彼は息を潜め、その存在感をすっかり消して、その場所に座っていたのだ。

「誰にも気づかれない」

まさにそれが「無戸籍者」の姿なのだ。

とりあえず喫茶店を探すが、新今宮駅の周辺にはファミリーレストランはもとよりコンビニ一つない。通りの先を随分遠くまで歩いて、外から見たらやっているかどうかもわからないような、すすけた喫茶店を見つけて入る。

破れたソファに座り、角が欠けたメニューを渡す。

「なんか食べる？　ごちそうするから」

「いいんですか？」

と言って、明は卵サンドを頼んだ。

注文品が来る間に、明から今は西成のドヤ街で日雇いの肉体労働をしながら、お金があるときは簡易宿泊所に、ないときはシェルターに泊まっていることなどを聞く。

そのうちに卵サンドが来た。

「ゆっくり食べて。話はそれからで大丈夫だから」

そう言うと、明はにっこりと微笑んで、卵サンドに集中した。

食後に運ばれてきたコーヒーにしこたま砂糖と、私の分のミルクまで入れて、明は自分の生い立ちを語り始めた。

「売春婦」の母と

母親の名前は白石節子。大分県の出身。中学を卒業するひと月前に家出して、しばらく東京でぶらぶらしているうちにヤクザと知り合い、売春をさせられるようになる。

そのうち好きな人ができて、一緒に逃げるように博多に行った。その男にも捨てられて、以来日本全国、景気がいいといわれる歓楽街を回って、路上で立ちん坊をして客を取っていた。

明を身ごもったのは25歳のときだ。父親は誰だかわからない。

当時付き合っていた彼氏か、いや、毎日3人も4人も客を取っていたから、そのうちの誰かか。中絶する金もなく、あっという間に産み月になり、京都のビジネスホテルで一人で産んだ。

そのホテルは今もある。そこが自分の「聖地」だと、明は言う。

明はそんな母とずっと一緒に旅暮らしをしてきた。

生まれて以来一度も「家」というものに住んだことはない。40年間ずっとホテルか路上で暮らしている。

母は宿泊先のホテルに客を招いて売春をするから、物心ついてからは、母が客を取っている間は近所の喫茶店に行って「終わる」のを待つ生活になった。

母は文字だけは教えてくれたが、計算は苦手で教えることはできなかった。明は今でもものを買っておつりをもらうときに、それが正しいのかどうか、不安になる。

母は明の出生届を出さなかった。

もちろん小学校にも中学校にも通っていない。

母は「あんたみたいな父親が誰かわからない子は、学校行ったらいじめられる。あんなとこ、行かないほうがいい」と言ったが、明を一番いじめたのは、ほかならぬこの母だ。

酒を飲むと、子どもに向かって容赦なく殴る蹴るを繰り返した。まるで、自分を弄《もてあそ》んだ男たちに仕返しするみたいに。殴りたい相手は、自分の中にたまっている消したい過去だったのかもしれない。

思春期になると、そんな母と喧嘩が絶えなくなった。

19歳の誕生日の夜、酒に酔って絡んできた母に我慢がならず、今までの鬱積をぶつけた。

「こんな人生になったのはお前のせいだ。戸籍も作れない親なんか、親じゃない！」

母は「ここまで育てたのに、ひどいじゃないか。じゃあ一人で生きていけ。もう二度と会わない」と啖呵《たんか》を切った。

次の日起きると、母は身支度をしていた。外には知らない男が迎えに来ていた。髪の毛を一本抜いて「形見だ」と差し出し、「さよなら」も言わずに出ていってしまった。

形見の髪の毛はすぐさまトイレに流した。

今ではそれを後悔しているのだが、そのときから20年以上、母とは会っていない。明は思う。戸籍がなかったから「家族」が崩壊したわけではない。生まれたときから「家族」なんてなかったのだ。

いや、違う。

戸籍があれば「家族」が作れたのかもしれない。母と自分、たった二人だけだけれど。実際、それさえあれば、今、母がどうしているかをたどることもできたはずだ。

作る前に、自分の「家族」は壊されたのだ。

最低の条件、最低の賃金

一人になって、最初は風俗店の呼び込みをしながら、母と同じように全国の歓楽街を回った。どこかで立ちん坊している母と会えるのではないかとの期待も、ちょっとだけあった。母の出身地の市役所にも行ってみたが、自分を証明するものがない中では探すことさえできなかった。

「戸籍」がないことによる不利益は以前はそれほど感じなかった。困るようになったのはここ3、4年だ。

日雇い労働で働くにしても、身分証明書が必要になってきたからだ。

空港や駅など、大手ゼネコンの現場などではセキュリティチェックも厳しい。当然ながら、そういうところは賃金が高い。

しかし身分証明書のない自分は、いつまで経っても「最低の条件」で「最低の賃金」しかもらえない。さすがにどんどん年を取って、働くのもつらくなってきた中で、このままいったらどうなってしまうのだろうか、と不安が募ってきた。

戸籍が無理でもとりあえず住民票だけでも取りたいと、それが私に相談してきた理由だった。

明の件は、当初、そんなに難しいとも思えなかった。

雅樹と同じように、父母がいないことを証明できれば「就籍」の手続きに入れる。

知り合いの弁護士に頼んで、手弁当で裁判の手続きを補助してもらうことにした。

「白石節子」という名前で、出身地を本籍地とする戸籍があるかを調べたが、そのような人物はいなかった。

戸籍あるいは住民票取得のサポートを速やかにすませ、必要な「生活支援」が受けられるようにしてあげたかった。明の生活が困窮しているのは隠しようもないほどだったからだ。

役所や裁判所との交渉は、とりあえずこちらがやるので、明自身は動かないでほしいと伝えた。

明は役所でもどこでも、いかにも困窮した身なりで現れ、時たま激高して荒っぽい態度をとる。役所とのやり取りでは、それがいろいろな意味で障害となる可能性があった。

次はこういうふうに進めますね、と伝えると、彼は先回りして自分で動いてしまう。私がせっかく段取りをつけてうまく回り始めた段階で、役所に文句を言いに行ったりもする。

ただ、彼の成育歴を聞けば、母とすら信頼関係を結べず、また他人と関わる機会もなく、社会性を養う機会がなかったのだから、そうなるのも仕方がないとも思えた。

住民票さえ作れない

「就籍」の申立書をそろえ、受理されたところで、明は「係属証明書」を持って市役所に乗り込んだ。戸籍までは別として、ともかく住民票は当然できるものと思っていたが、市役所はそれさえ拒否した。

住民票を作ったところで、この先「戸籍が取れる見込みが低い」と判断したからだという。裁判官でもないのに、見込みの高い、低いがわかるのかと聞いたが、総合的にそう判断したと言われた。

このことは、私たちにとって大きな衝撃だった。

ここまでして役所はなぜ自分を拒否するのか、ほかの人にはできるのに自分にはできない理由がわからない。

明にとっては絶望しろ、と言われているにも等しい宣告だった。

そうこうしているうちに、裁判所の呼び出しがあった。

そして雅樹と同じように「2回目は指紋採取があります」と言われた。

明は、「絶対に嫌だ」と指紋採取を拒否した。

自分の母親は売春婦だけれども、自分は自分に誇りを持っている。罪を犯したことも、これから犯すこともない自分をなぜそこまで疑うのか。

まさに雅樹の調査官が言っていたように、明は指紋の壁を突破しなかった。できなかったのではなくて、しなかったのである。

自分たちのような弱い立場の人間は冤罪《えんざい》に利用される、とも言った。誰かの犯した過ちを、自分のせいにされるのが怖い、と。

どんなに説得してもダメだった。

「戸籍なんてもういらない。取り下げる」

この連絡を最後に、明は私の前から消えた。

明と連絡が途絶えてから思えば、彼のケースは私たちに支援活動の一つの限界を気づかせてくれたのかもしれない。

誰かを支援するときに、私はいつもチームを作った。その当事者にとって誰が最適な弁護をしてくれるかを考えて弁護士をお願いし、私だけで対応できないケースは「家族の会」のメンバーに出張してもらうこともある。

ただ私たちにできることは「戸籍を取るまでの支援」であって、「生活支援」ではない。

だが、実は戸籍を取るまでに至らない人々の多くは、そもそもの生活自体が困窮していて、戸籍を取るための手続きにも支障をきたしている。またその困窮のため、すでにどうしようもない袋小路にはまっている場合が多いのだ。

そうしたケースでは、正確な情報を得るチャンネルもなく、また裁判手続きなど、少し難しい話になると本人が理解し切れずお手上げとなってしまいがちだ。

文字を書けない人もいる。ただ誰もがそれを隠そうとする。

調停・裁判をしようとしないのは、プライドが邪魔しているケースも少なからずある。また場合によっては社会の底辺で生きてきた中で、後ろ暗いことに手を染めた過去を持つ場合もあるだろう。

戸籍も住民票もない中では、彼らはさらに「転落」していく恐れもある。

生まれたばかりの、もしくはこれから生まれる子どもたちを持つ「無戸籍児の母たち」を支援するのと、こうして大人になった「無戸籍者とその家族」を支援するのとはまったく状況が違う。

特に成人無戸籍者は、その家族にも大きな困難がある場合が少なくないからだ。本当はそれは福祉の領域だと思うが、何しろ本人が登録されていないから放置されたままとなっている。

離婚や孤独の中での「出産」は、母親に大きなストレスをかける。しかも、その横には「貧困」が口を開けて待っている。そんな状況は、親子ともどもの転落のきっかけに、十分なりうるのだ。

また、もはや親を責めても意味がない、とつくづく感じる。早い段階で手を差し伸べられていれば、明の人生には、もっと違った展開があったはずなのに……。明の人生の、ベクトルを変えるだけの力にはなれなかった。その無念な思いはいつも、私の胸の底にあって消えることはない。

上野駅でタクシーの窓から見えた明らしき人物。降りて探したかったが、車はすでに真ん中の車線に入って走り始めていた。

「無戸籍」と傷だらけの家族——ヒロミの場合

家族だから許せないこと

「はじめに」で紹介したヒロミ。成人無戸籍者で性同一性障がいの彼女、いや「彼」の詳細を説明するのは難しいと書いた。なぜならその家族構成からしてとても複雑だからだ。ノートを広げて家族の相関図を描かないことにはなかなか頭に入らない。

それでも、ヒロミが誕生するまでの、家族の軌跡を追わない限りは、ヒロミが無戸籍で生きることになった背景が理解できないと私は思う。

ここからはそれをひも解いてみたい。

ヒロミの母・貴子は2回結婚している。最初の結婚で3人、2回目の結婚で1人子どもを産み、そして2度目の離婚が成立しないまま、別の男性との間の子であるヒロミを産んだ。合計5人の子どもは2男3女。最初の結婚相手・秀夫との間に、あずさ、京子、尚也、2番目の夫・勝との間に智宏、3人目の恋人だった男性との間に生まれたのがヒロミだ。

ヒロミだけに戸籍がない。母・貴子は2番目の夫・勝のひどい暴力から、子どもを連れて命からがら逃げ出したのだ。勝には、恐ろしくて離婚も言い出せていない。ましてや別の男との間に子どもができたと連絡を取るなんて、とてもできなかったのだ。

それはヒロミも含めた子どもたちにリスクを負わせることになる。だが、ヒロミの出生に何ら関係のない勝に借りを作るようなことはしたくない。一切、絶対に、である。

貴子は物心ついて事情を理解したヒロミに「戸籍が欲しい」と懇願され、法務局に行ったりもした。しかしどの方策をとったところで前夫・勝と連絡を取らなければならないという。結局断念せざるをえなかった。

きょうだい5人のうち3人はそれぞれの事情で家を去っていた。貴子が自治体に交渉し、ヒロミも中学までは通えたが、卒業後は、戸籍がないため正規の仕事につけるわけもなかった。

当時、一家の生活は2番目の姉・京子がホステスをして支えていた。その京子は17歳で未婚のまま雄一郎を産んでいる。ヒロミは家事のかたわら、小学生だった雄一郎の世話をして過ごした。

18歳になったヒロミは、身分証のいらないラブホテルの清掃の仕事を始めた。給与は10万円そこそこだったが、9万円を家に入れて、残りの1万円を自分の小遣いとする生活を続けていた。

しかしほどなく京子が身体《からだ》を壊して働きに出ることができなくなる。腎臓の不調で、人工透析をしなければならなくなったのだ。母も老齢で働けない。

ヒロミの稼ぎだけが一家の命綱となった。

どれも割の悪いのはわかっていながら、いくつかの仕事を掛け持ちして必死で働いた。それでも20万円にも満たない。3年経っても、5年経っても給与は同じだった。

そもそも戸籍さえあれば、こんな思いをしなくてすんだのだ。

一生こんな生活かと思ったら、いたたまれない気持ちになる。

いやだ！　もう、たくさんだ！

「しばらく好きにさせてほしい。お金は送る」

そう書き置きして家を出た。しかし、自分の生活が精一杯でお金は送れないまま、母とも姉とも連絡を絶った。

それから5年が経つ。

病気の姉も、仲の良かった甥っ子も、年老いた母も、それ以降どこで、どんな暮らしをしているのかまったく知らない。

生きているのか、死んでいるのかすらわからない。

母と姉を探して

「本川雄一郎です」

駅前の喫茶店でヒロミと最初に会ったとき、ヒロミが私に名乗ったのはメールにあった「ヒロミ」ではなく完全な男の名前だった。前述の姉・京子の子、ヒロミにとっては甥の名前だった。

どこからどう見ても男性の「彼」。

頼んだアイスコーヒーを飲もうとして、顔半分を覆っていたマスクをずらすと、柔らかくなめらかな肌が滑り出る。「彼女」の部分が見えた気がした。

「母が今、どこでどう暮らしているかはわからないんです」

「雄一郎」は言った。

「たぶん、姉の京子と一緒だとは思うんですが」

「連絡を取りたいので、何か、手がかりになるものがあるといいんだけど」

私がそう言うと、「雄一郎」は鞄《かばん》から一枚の紙を取り出した。

「今はどうだかわからないけれど、ここにいるんじゃないかと」

それは実際の雄一郎名の住民票の「除票」だった。

除票とは、住民票のある住所からすでに引っ越し、登録が抹消されていることが書かれたものである。

除票といえども、無戸籍者が自分の親やきょうだいの住民票を取ることは今や不可能だ。どこの役所の窓口でも身分証明書の提示を求められる。無戸籍だというのに「雄一郎」はなぜ除票を持っているのだろう?

「雄一郎」はとつとつと語り出した。


家を出てからも、同じラブホテルの清掃を掛け持ちして暮らした。それしかできる仕事はなかったからだ。なんとか暮らしていける余裕ができて、戸籍のことも改めて考えた。できるものなら自分で戸籍を取れないだろうかと思案した。法務局や市役所にも相談に行った。しかしどこへ行こうが、母の協力なしに戸籍を取る術《すべ》がないと言われる。

泣いて謝れば、許してもらえるかもしれない。

そう思って、家に戻った。しかし、そこには母も姉もいなかった。すでにどこかに引っ越しをしたあとだった。

唯一、家出後も連絡を取り合っていた本物の雄一郎の携帯電話も、いつしかつながらなくなっていた。

いったい、みんなどこへ行ってしまったのだろうか。


とりあえず、本物の雄一郎の住民票を取ってみようと思い立つ。

役所に行って申請用紙を書く。ドキドキしながら。

順番が来た。

「本川さん、住所変わってます？　もうここには住んでいませんね？」

まずい。なんて答えよう。

「はい。実は家出しているうちに親が引っ越しちゃったみたいで……」

そこは正直に言ってみる。

「あら、それは大変ですね。住民票じゃなくて除票なら出せますけど」

「除票？」

除票とはなんだかわからないが、とりあえず母か姉が住んでいる住所がわかるものが手に入ればそれでいいのだ。

「お願いします」

「はい、じゃあ、除票出しますね。あ、身分証あります？」

「雄一郎」は姉から借りたまま返していなかった本物の雄一郎の健康保険証を差し出した。

「あら、期限切れね」

万事休すだ。

「ほかの証明書は何か持ってますか？」

「いえ、何も」

「じゃあ、2、3質問して、本人確認にしますね。お母さんの生年月日は？」

「昭和15年……あ、43年12月3日」

「お母さん」と聞かれて、思わず間違えそうになる。雄一郎の母は姉・京子なのだ。

窓口の職員は特に疑問を感じるふうでもなく、ささっと、書類に印をつけると除票を出してくれた。

除票には本物の雄一郎の母である姉・京子の転出先が書かれていた。

「ヒロミ」と呼ばれたい

「なりすました、ってことにはなりますが、それがこの除票が取れた経緯です」

「雄一郎」は正直に語った。

「でも、ここに住んでいるかどうかはわからないですよね。もうずいぶん前だから」

転居の日付を見ると４年前になっていた。姉も、おそらく母も一緒に、「雄一郎」が家出をしてからほどなく転出した、ということになる。

「ここに行ってみたことはないの？」

「何度も行こうと思いました。でも、怖くて行けなかった。自分が出たあと、家族がどうなっているかと思うと……。それもこれも全部自分が悪いんです、自分が……」

「雄一郎」の目は見る見るうちに赤くなった。


「本名はなんていうんだっけ？」

「『ひろ子』です。でも家では……20歳過ぎた頃から、姉が『ヒロミ』と呼ぶようになって、母もそう呼んでいましたね」

「性同一性障がいのことは、お母さんもお姉さんもわかってくれているのね？」

「はい。むしろ姉はいろいろ気を遣ってくれて……」

ヒロミはマスクを下瞼《したまぶた》に押しつけた。

「じゃあ、私、なんて呼ぶのがいいかな？　なんて呼ばれたい？　『雄一郎くん』？『ヒロミさん』？　『ひろ子』は違うんだよね？」

「……『ヒロミ』で」

「わかった。じゃあ『ヒロミ』くん、今からこの住所に行ってみない？」

「え？　でも住んでいるかどうかわからないんですよ。このあと、2年ぐらい前かな、役所にもう一度行ったんですけど、そのときには身分証がなくて出してもらえなくて。行っても住んでなかったら、無駄足になりますよね」

「それでもいいじゃない。とりあえず、行ってみようよ。ちょっと待って」

スマホを取り出して住所を検索してみる。今いる駅から電車で30分ほどが最寄り駅のようだ。そこからは歩いて10分ぐらいか。

電気の消えた部屋で

住所が差し示すあたりは駐車場で、裏手にはマンションやアパート、一戸建てなどが立て込んでいる。住居表示がないので、どこがどこだかわからない。

もしも家族とバッタリ、となったら怖いとヒロミは言う。とりあえず通りの角の向こうで待ってもらうことにして、聞き込みを続ける。

余計なことを探られても嫌だと気が進まなかったが、仕方なく道行く人にたずねているうちに、ようやく場所がわかった。

私が探していた逆側だ。行ってみるとそこは簡素な造りの一戸建てだった。

呼び鈴を押してみる。応答はない。人がいる気配もない。

ここに本当にヒロミの家族がいるのだろうか？

すでに引っ越しているのかもしれないな、と思って見上げると、まだ真新しい正月飾りがついているのが目に入った。

ここにいる！

返答はなかったが、思い切ってドアノブをひねって引いてみた。

カチッ。

あっさりとドアは開いた。

「ひっ！」

次の瞬間、私は思わず小さな悲鳴を上げてしまった。

そこには仁王立《におうだ》ちした女性が私を睨みつけているではないか。髪は黄色に近い金髪で、二つに結んでいる。

「誰!?」

たぶん、ヒロミの姉・京子だろう。

「あの、突然ですみません。ヒロミさんのことで」

「ヒロミ？　ヒロミなんていません！　あの子とは縁を切っています！　あの子のほうなんですよ、私たちを捨てたのはっ！」

ものすごい剣幕だった。

「誰？　ヒロミ？」

部屋の奥から声がする。

「お母さん、ヒロミのことでって言うんだけど、断っているのよ」

「帰れっ！　こっちには何の用事もないから、出ていけっ！」

母の声が号令のように響き、京子が力任せにドアを閉めようとした。

刑事ドラマのように、咄嗟《とっさ》に片足を扉の隙間に差し込む。

ここで帰るわけにはいかないのだ。

引っ張り返すようにドアを開け、家の中をのぞく。

声の主は玄関を背中に、後ろを振り返りもしなかった。白髪一本ない真っ黒な髪だ。

その姿ははなはだ失礼ながら……、まるで夜叉《やしゃ》のようだった。

日当たりの悪い部屋なのに、電気もついていない。余計に不気味だった。

足がすくむ。というより、動かない。できるなら逃げ帰ってしまいたい気持ちでいっぱいだった。

「ヒロミさん、お母さんやお姉さんのこと、心配しているんです！」

「心配だったら、ヒロミが、本人が来るでしょうよ。大体あんたは誰？　なんの権限があってうちに来たのよ。帰れ！　帰って!!」

「私の子どもにも、戸籍がなかったんです!!」

一瞬の沈黙があった。

「……そ、そうなの？」

「……ヒロミさんを連れてきます」

無戸籍が壊した家族の絆《きずな》。しかし、細い糸ではあったが、それはまだつながっていたのだ。

他人には言えないこと

考えてみればおかしな話だ。

その日初対面の私に、人生のすべてを語る。しかもそれまで他人には言えなかったことを。彼らにとっては「戸籍取得」につながる唯一の道だと感じるからだ。

それは彼らが今まで何度も「公」というものに裏切られ続けてきたからでもある。人に、役所に、そして日本という国にも。

最後の、一縷《いちる》の望み……。

その気持ちがわかるからこそ、私も必死で解決の糸口をたぐり寄せなければならない。

ヒロミの場合は母・貴子が避け続けてきた前夫・勝に連絡を取らない限り、戸籍はできない。前夫の居所が関西であることを考慮して、このケースは大阪の弁護士に頼むことにする。

手続きは、法律上はヒロミの父と「推定」される、会ったこともない勝が、まずは生きているかどうかを確認するところから始める。

「生きているわよ。あたしより6つも若いんだから」

母はそう断言した。

「だから嫌なのよ、せっかく縁が切れたはずなのに、またつきまとわれそうで」

シングルマザー

前述のようにヒロミの母・貴子は最初の結婚で3人の子ども（あずさ、京子、尚也）をもうけている。この3人の子どもたちの父である秀夫とは、秀夫の借金と暴力が原因で離婚。貴子は新宿でクラブのホステスをしながら一人で子どもたちを育てていた。離婚した当時、あずさは4歳、京子は2歳、3番目の尚也は生まれて半年だった。

ある日、気づくと尚也の呼吸がヒューヒューと鳴る。病院に行くと小児ぜんそくと診断された。通院と看病のためにたびたび仕事を休むことになった。

しかし、それでは生活が立ちゆかない。

クラブのママがとりあえず尚也を預けたらどうかと、知り合いの横山佐和子を紹介してくれた。尚也は8カ月から横山家で預かってもらうことになった。その料金は月6万円だった。家賃が3000円だったから、とてつもなく高いと感じた。しかし、医療費も含めてということだったので、ともかく祈るような気持ちで預けた。

そのうち、終電で出勤して始発で帰る、というのが貴子のシフトになった。

始発まで開いている店は、終電を逃したサラリーマンに重宝された。ホステスたちは終電以降に働くのを嫌がる。店としてはその時間帯に働いてくれるホステスはありがたい存在で、貴子にとってもほかの時間帯より時給が高くて都合がいい。

仕事が終わって、明け方、借りているアパートに戻る貴子。上の子どもたちも、夜だけは近所の家に預けて寝かせてもらっていた。

その日もいつものように始発で戻ると、まだ薄暗い駅の前にあずさと京子がいた。

「お母さん！」

二人は貴子を見つけると駆け出して抱きついてきた。

そのことにも驚いたが、もっと驚いたのは京子の格好だった。下半身はすっぽんぽんだ。上にはあずさのジャンパーを羽織っている。

「京ちゃんがお漏らししたの。そしたらおばさんがパンツを脱がして、すっぽんぽんで外に立ってろって。だから駅に来て、夜から二人でずっとお母さんを待ってたの」

あずさが6歳、京子は4歳のときのことである。

あまりの悲しさ、切なさに唇が震えた。

「こんな生活から早く脱出しなければ！」

そう、貴子は強く思った。

束《つか》の間《ま》の幸せ

ちょうどその頃、客として店に来たのが勝だった。小さな建設会社に勤める勝は朝が早い。出勤前にちょっとだけ寄って、バカ話をしていく。出勤前だから酒も飲まない。

大柄で気《き》っ風《ぷ》のいい勝に、貴子は惹《ひ》かれるようになった。


付き合いが始まってほどなく、勝に子どもたちを会わせた。子どもたちはすぐになついた。これならやっていけると思ったのか、勝は貴子に結婚を申し込んだ。

「実は、子どもは二人だけじゃないの」

横山佐和子に預けている幼い尚也の話をすると、勝は言った。

「すぐにその子を引き取りに行こう」

貴子の顔に、安堵《あんど》の笑みが広がった。

勝と結婚することこそが、娘たちを自分の手で育て、預けていた息子も引き取って真っ当な暮らしをするための唯一の手段だと貴子には思えた。

……それはこの家族だけの話ではない。

無戸籍問題を抱える相当数の女性たちは、愛情がベースにあったとしても、「生活のため」「子どものため」に再婚する。そうしたケースはえてしてうまくいかなくなることも多いのだ。

貴子だけではない。あずさや京子も同じ夢を見ていた。それまでの生活は子ども心にもあまりにみじめなものだったからだ。

母には決して言えなかったが、京子は小学校入学直後から学校でいじめに遭っていた。新しい服を着ていくと「どこで盗んだんだ?」とひどい言葉を投げつけられる。「ビンボー人のくせに生意気だ」と。

先生が見ていないところでツバを入れられた牛乳瓶。飲まないと今度は先生に叱られた。

「お前んちはリコンだろう!」

離婚や再婚がまだそう多くない時代、それを理由に子どもたちは残酷ないじめに遭っていたのだ。

尚也も帰ってきたら、家族そろって、ようやく楽しい暮らしができるとみんなで喜び合った。


しかし、尚也を引き取ろうと預け先の横山家を訪ねると、意外なことが起こった。

「かわいい盛りのこの子を連れていかないで！」

と、佐和子に泣いて懇願されたのだ。

あとから思えば、すべては演技だったのだが、そのときは情にほだされて、尚也を連れて帰ることができなかった。


尚也こそ加わることができなかったが、家族は新しい生活をスタートさせた。今まで貴子たちが住んでいたアパートに勝が同居する形である。

結婚と同時に貴子はホステスを辞めた。勝は働き者だったから、安定した収入があった。しかしそれにしても尚也の月６万円の養育費は重かった。

それまで生きることに必死で気がつかなかったが、この額はどう考えても法外だ。

再び佐和子に連絡を取ると、「かわいい盛りのこの子を……」と泣いた姿はどこへやら、恐ろしい罵倒の言葉を投げつけてきた。

「慰謝料を払え！　１００万円払え！」

何度掛け合っても同じだった。結局月6万円という金が目当てだったのだ。最後は弁護士を立てて、やっとの思いで尚也を取り返すことができた。尚也はすでに6歳になっていた。

「地獄」の始まり

しかし、そこからがまた大変だった。戻ってきた尚也はどうも様子が落ち着かない。しかもあちこちで盗みを働くのだ。たった6歳なのに。

徐々にわかってきたのは、預け先での生活。どうやら横山の家では貴子の悪口をさんざん聞かされたらしい。

さらには高額の預け料を払っていたにもかかわらず、かわいがるどころか、横山の実子と差をつけられ、虐待されていたこともわかった。

それでも尚也は佐和子を恋しがった。虐待児の典型的な精神状態だったが、当時はそうした研究も進んでいなかったから、貴子もどうしたらいいのかわからず、十分なケアもできないままだった。

2年経って、なんとか生活が落ち着いた頃、勝の勤めていた会社が倒産してしまう。

勝との間の子、智宏が生まれたばかりだった。

会社の社長は心機一転、大阪で新しい会社を立ち上げる決意をした。それにあたって兵庫県出身で関西に地縁のある勝にも来てほしいと社長に頼まれ、勝はこれを受け入れた。まもなく勝は、単身赴任で大阪に行った。

当初はよく連絡をくれていた勝だが、そのうち生活費を送ってこなくなった。勝の弟が心配して、貴子に仕送りをしてくれた。

勝が暴力を振るってトラブルを起こした、と聞いたのもこの義弟からだ。同僚を殴ったという。ともかく勝を精神的にも安定させるために、家族全員で関西に引っ越すことにした。

関西に行くことは、いじめられっ子であった京子ら子どもたちの日々を救うことにもなるはずだった。

しかし……。

新天地・関西で貴子と子どもたちを待っていたのは、いじめや預け先の虐待よりずっとつらい生活だった。

口にできなかった思い

それは関西に行って3カ月ぐらいが過ぎた、京子が小学校5年生に上がった頃から始まった。あずさは中学1年生だった。

勝が夜寝るときになると、あずさと京子の間に入ってくるようになったのだ。いうまでもなく、あずさと京子にとって勝は「義理の父」である。

最初は何かの間違いだと思った。しかし、明らかに違う。膨らみ始めた胸を触り、お尻をなでる。そしてパンツの中に手を入れてくる。見ると向こう側に寝ている姉・あずさの身体も同じように触っているではないか。

それがいいことなのか悪いことなのかもわからなかった。

だが、気持ちが悪い。

3日目に「やめて！」と叫んだらボコボコに殴られた。

4日目からは、姉妹の間ではなく、勝は堂々とあずさの布団に入っていくようになり、満足すると階下に降りていく。あずさが声を上げずに我慢しているのが京子には不思議だった。

週末、勝はあずさにだけ何枚も洋服を買い与えた。

勝は家庭内で理不尽なルールを幾つも作った。夜9時以降は2階から降りてきてはいけないと決められ、1階にしかないトイレに行くことも禁止された。

当然だが、幼い尚也はお漏らしをしてしまう。それがバレるとみんなが殴られる。

その痛みと、翌朝、隠れて尚也の汚れた下着を洗うときのなんともいえないみじめさが、今も京子を苦しめる。

勝の要求は日を追うごとにエスカレートして、あずさがいよいよ音《ね》を上げた。初めて二人して母に告げることにした。

娘たちの話を聞いた貴子は、愕然《がくぜん》として声を張り上げた。

「なんてことしてくれるのっ！」

その日はちょうど、勝の仕事仲間が15人ほど家に来ていて、宴会をしていた。

「なに～!?」

勝は拳を作り、貴子に向かってきた。容赦のない暴力が始まった。

誰一人、助けてくれなかった。呆然《ぼうぜん》と見ているだけだった。

引きずり回されて貴子の髪の毛はごっそり抜け、顔も身体もアザだらけとなった。

毎夜の暴力

貴子に対する勝の暴力は毎夜続いた。

あるときは全裸にされ、縄で縛られ写真を撮られる。

あるときは小さなパイプ椅子の上で何時間も正座させられ、食事も満足に取らせてもらえない。

「ぶっ殺してやる!!」

ある日、階下に尋常でない大声が響いた。気がついた子どもたちが2階から下をのぞき込んだ。一番前にいる京子が落ちないようにあずさがシャツをしっかりつかむ。その後ろには尚也がいた。

京子の目に映ったのは、まさに首に包丁を突きつけられ、切りつけられる寸前の母の姿だった。

「ギャ――――!」

京子は無我夢中で、勝に飛びかかった。持っていた包丁が飛び、離れたシンクに落ちた。

「なにおぉ」

京子に向かってくる勝の足がもつれていた。完全に酔っ払っている。ビンタが2、3発、京子の顔に命中した。

「この男、殺す、殺してやる!」

もしも、包丁が飛んでいかず、京子の手の届くところにあったら、確実に勝を刺し殺していたと思う。35年前のこのシーンを、京子は今も昨日のことのように鮮やかに覚えているという。

「ほんの紙一重で、誰かを殺し、誰かが殺されていたかもしれない家族だったんです」

逃げよう……、逃げなきゃ。

まさに殺される、その一歩手前で娘・京子に命を救われた貴子は、ここに至ってついに逃げる決意をした。

しかしそのタイミングは慎重に計らないといけない。何しろ4人の子ども全員を貴子一人で連れて、東京まで戻らなければならないのだ。

数日後、いつものように酔っ払って勝が寝ている真夜中、子ども4人を連れて家を出た。

冬の月はとてつもなく美しかった。月影に照らされた京子の足は裸足《はだし》だった。

再び消えた弟

貴子はまた新宿に舞い戻った。今度は別の店。以前の店より1ランクも2ランクも上の店だ。勝には絶対に来ることのできない「安全な」場所だった。

暴力から解放され、自分で稼いで子どもたちを育てる……。これでやっと落ち着いた生活ができると安堵した、その矢先のことだ。

尚也がいなくなった。東京に逃げてきて2週間も経っていないときだった。

ほどなく警察と児童相談所から電話があった。

軽微なものだが、尚也が事件を起こしていた。

「このままいったら、この子は必ず大きな事件を起こすようになります。だから家には戻せません」

大きな事件を起こすようになる……。

貴子はその言葉を苦くかみしめた。本当にそうかもしれない。

裸にされ、縛られ、包丁を突きつけられる母の姿。食べ物も満足に与えられず、性的暴力を受ける姉たちの姿を尚也はずっとずっと見てきたのだから。

それに6歳までの彼の環境……。尚也が育った環境はあまりに苛烈《かれつ》なものだった。


貴子も京子も、あることを思い出していた。

関西にいたときのことだ。ある日、尚也が京子を呼び出した。京子が何の気なしについていくと、そこはマンションの一室で40がらみの男が待っていた。

「テレビを見せてあげる」

男の家には当時では珍しい最新型の大画面テレビがあった。

単純に喜んでテレビを見始めた京子の隣に男は座った。そして、あろうことか、男の手は京子の身体をまさぐり始めるではないか。

慌てふためき、マンションの部屋から飛び出て、エレベーターのボタンを押す。しかし、エレベーターはなかなか来なかった。

男が追ってきた。階段を夢中で駆け下りて家に戻ったとき、ちょうど男が追いついた。家にいた、事情を知らない貴子に向かって、男は2万円を投げつけた。

「警察に言うなら言うてみい！　困るのはそっちやからな！　お前んとこのガキが、20万で姉ちゃん紹介するって言うたんやからな！　もともとこのガキが車上荒らししとったとこを捕まえたんや」

当時、尚也は小学校2年生だった。小学校2年生で「車上荒らし」も恐ろしい話だが、さらには「姉を売る」という発想はどこから来たのか？

そのときはただ驚き嘆いたが、思えば、それにも理由があったのだ。関西にいた頃、勝は家に下宿人を置いていた。30歳過ぎのその男はあるときから毎日、京子に「キス」をするようになった。頬から口にとエスカレートするにつけ、初めはふざけて応じていた京子も抵抗するようになった。あるとき、むりやり肩をつかまれ、口に舌をねじ込まれて、京子は男を突きとばした。すると男は意外なことを口にした。

「なめとんのか、ごらあ。お前のオトンに金は払ってあるんやからな。お前に嫌がる権利はないんや！」

勝は京子を売っていたのだ。しかも、家の中で。

尚也はいつの間にかその手法に学んでいた。女の性を金に換え、搾取する、男として最低の方法を。

尚也には新しい環境が必要なのかもしれない。

結局、尚也は児童養護施設に入り、その後、連絡は途絶えた。

無戸籍で生まれて

関西の家を出てから4年が過ぎた頃、貴子はヒロミの父となる俳優・吉良辰之助と出会った。

辰之助は貴子が初めて心から好きだと思えた男性だった。

暴力と貧乏にどっぷりと浸《つ》かった、男に裏切られるばかりの人生を救ってくれ、一瞬でも夢を見させてくれたのは辰之助だったのだ。

しかし、ヒロミを身ごもったとき、貴子は「面倒なことになるのは嫌だ」と身を引いてしまった。添い遂げられなくても、その人の子どもを身ごもるだけで十分だった。勤めていた高級クラブも辞め、別の店に移った。

以来、辰之助とは一切会っていない。彼は子どもが生まれたことも何も知らないのだ。

ヒロミが生まれたとき、出生届を出しに行って貴子は愕然とする。

「『ひろ子』さんの父は勝さんになります。まだ離婚できていないでしょ？」

まさかのひと言だった。そうだ、まだ離婚できていないのだ。

まったく知る由もなかった民法772条の壁に貴子は打ちのめされた。か細い声さえ上げることもできず……。

結局、ヒロミの出生届は出されないままだった。

愛された証《あか》し

一方で姉の京子はヒロミの誕生を当初は素直に喜べなかった。

尚也のことは手放したではないか。

尚也で子育てに懲りたはずではないのか、と。

しかし、今になってわかる。母はヒロミをどうしても産みたかったのだ。母の人生は「こんなはずじゃなかった」のだから。

本当に愛してくれた人の子どもを産み、貴子自身が作った物語の中の主人公になることで、「こんなはずじゃなかった」自分の人生を取り戻したかったのだろう、と。

でも、それは……。

思わず出かかった言葉を呑み込み、傍らの母の横顔を見やる。

騙されても暴力を振るわれても、性懲りもなく、ダメ男に惚《ほ》れる。

自分から身を引いた辰之助との関係だって、端《はた》から見たらもてあそばれただけだ。

この家族で一番苦労したのは私だ。京子はそう思っていた。母が勝手に産んだ幼いヒロミの世話をしたのも私だ。

苦労？　いや、それは苦労と呼べるようなものではなかったかもしれない。

だってヒロミは本当にかわいかったから。年の離れたこの妹が何よりも愛しかったから。


「男として生きたい」

いつしか、自分のことを男性とも女性ともとれる名前で呼ぶようになった妹が、自分の本音を最初に打ち明けたのは、母ではなく京子にだった。

ヒロミが18歳になってすぐのことだったと思う。

言われなくとも、気づいていた。中学の制服以外スカートははいたことがない。家に連れてくる女の子とは、友だちというよりどこか恋人めいた雰囲気が漂っていた。

「病院に行きたい。手術をしたい。でも、戸籍がなくて保険証も持っていないから、できない……」

泣きじゃくる妹をどうやって慰めたらいいのだろうか。

京子は「ひろ子」を「ヒロミ」と呼び始めた。そのうち母もそれにならった。

家族の中ではそれはさしたる違和感もなく、自然に受け入れられた。


一方で、長年の苦労がたたったのか、京子は30代に入った頃から体調不良が続き、床に伏せる日が多くなった。

まず最初はむくみに悩まされるようになった。次いで顔色が悪くなる、疲れやすい、動くと息切れや動悸《どうき》がするなどの症状が起こった。貧血だった。腎臓が悪いと知ったのもこの頃だった。生まれつき腎臓が人より小さく、機能異常を起こしやすいのだ。


京子には自分の体調よりももっと大きな心配事があった。未婚で産んだ息子・雄一郎のことだ。

雄一郎は中学を卒業すると、家に寄りつかなくなった。学校の紹介で就職した縫製工場も早々に辞めてしまった。

そして彼は新宿2丁目のニューハーフバーで働き始めた。

息子もまた、性同一性障がいで悩んでいたことを、そのとき初めて知った。

息子は娘に、妹は弟になった。

京子は雄一郎の残していった健康保険証をヒロミに渡した。

「この名前で生きて……」と。

意外な「結末」

母・貴子の離婚はヒロミが生まれてから5年後、当時住んでいた東京に勝が女連れで突然やって来たことで急展開する。

「ずいぶん探した。こいつと結婚するから、ここに判子を押せ」と離婚届を持ってきたのだ。

何も言わずに判をついた。

奪うように離婚届を持って、勝は去っていった。離婚はともかく成立した。

ヒロミのことを勝が知ったらどうなるだろうか？　新しい女とよろしくやっているなら、調停に出てくることも「いいよ」と言ってくれるかもしれない。

いや、そんなはずはない。あの男がいつ本性を現すかわからない。

貴子の頭の中に、あの悲惨な時間が思い出される。

そもそもここをどうやって探し当てたのだろうか。

子どもたちを守らなくてはならない。もちろんヒロミもだ。

貴子はすぐに引っ越しの手配をした。

それから27年あまりの月日が過ぎ、私は彼女たちと出会った。

ヒロミの戸籍を作るためには、とにもかくにも、まずは前夫の所在を確かめなければならない。

私は大阪で無戸籍問題に取り組んでいる「なんもり法律事務所」の南和行弁護士に相談。この件を受任した彼が勝の戸籍を取り寄せた。受け取った戸籍謄本を入れた封筒を私が託され、封を開けないまま貴子のもとに届けた。

「……えっ？」

中身を見た全員が凍りついた。

勝は死亡していた……。しかも亡くなったのはヒロミが家出をした5年前だ。

もし、5年前にこのことがわかって手続きをしていたら、戸籍はそのときできていたはずだ。ヒロミはもっと条件のいいところで働け、母や姉とも喧嘩をせずに、家出もしなくてすんだだろう。

家族それぞれがつらさを抱えて生きたこの5年間は、いったいなんだったのだろうか。

「戸籍が作れなかった」ことで、家族は諍《いさか》い、その絆は一旦断ち切られた。つながり合っていた糸が切れることで、それぞれはより悩みを深めることとなったのだ。

驚いた一同の中で、沈黙を破ったのは貴子だった。

「もういいじゃない、昔のことだから。全部水に流そうよ。あの人が生きていたらさ、ちょっとは昔話をしてみたかったわ」

京子の気持ちを知ってか知らずか、貴子はのんきにそんなことを言う。

「水になんて流せない。でも、死んでくれたのはいいことよね。ヒロミの戸籍は取りやすくなりますよね？」

ふいに私に向けられた京子の問いにストレートに「その通りですね」と肯定するわけにもいかず、私は慎重に言葉を選んだ。

「なんて言っていいのかわからないですが、確かにこれで戸籍が取りやすくなったのは間違いないです」

「最後にいいことをしてくれたじゃない」

そういう貴子の言葉を、そのまま受け取っていいのだろうか。

「智宏の父親なんだしさ」

貴子は言った。

旧式の小さなテレビを置いた台の棚には、現金書留の封筒が大事そうに並べてある。その数は20通か30通か。

貴子がそれを持ってきて見せてくれる。

あれだけ暴力を振るった前夫・勝の子である智宏からだ。毎月4万円、お金を送ってくれるのだという。千葉に住む智宏は安定した仕事につき、結婚もして、落ち着いた生活を営んでいるようだ。

貴子が勝を全面否定してしまえないのは、貴子を助ける子どもを授けてくれた人だからだった。

「あのね、お母さん。お金を送ってくるより、毎日面倒見ているほうが大変なんだから」

京子はやや不満そうに自分の「功労」を強調してみせた。

消息

そうだ、ほかの子どもたち、あずさ、尚也は今、どうしているのだろう。

「あずささんは今、どうしているんですか?」

私の問いに貴子は瞬時に答えた。

「いいとこの奥さん」

半ば誇らしげに、半ば嫌みに。

京子が説明してくれる。

「あずさはこういう家庭に育ったことも、いろいろあったことも、うまいことごまかしてね、真面目な公務員と結婚したのよ。ヒロミが出ていって、生活に困ったときに、助けてほしいと連絡を取ったけど、『もう連絡しないで』って。子どもも生まれてるんだけど、私たちは一度も会ったこともないのよ」


その後、児童養護施設に入った尚也とは生き別れたままなのだろうか？

そう聞くと予想外の答えが返ってきた。

「尚也？　何年か前に来ましたよ、ここに」

「えっ？　いつ？　ここがわかったんですか？」

ヒロミが出ていって稼ぎ手がいなくなり、困窮した貴子と京子は生活保護の申請をした。申請をすると家族に連絡がいく。その通知を持って、尚也はひょっこり現れたのだという。

「30年ぐらいぶりにね。10歳だった子どもの尚也が40歳のおっさんになっていてびっくりよ」

貴子が続ける。

「離婚した妻との間に子どももいて。偶然だけど近所に住んでいたんですよ。『俺は変わったんだ』って言って。私も謝りましたよ。ごめんねって。そしたら『盗み癖を直すために児童養護施設に入った。自分から行きたいって言ったからお母さんたちは気にしないでくれ。これからは親孝行するから』って」

京子が言葉を挟んだ。

「私が人工透析を受けているると言ったらね、自分の腎臓を移植してくれるって言ったんですよ。手術の日も決まって……」

何年も連絡を取らずともつながっている。それが「家族」なのだ。まさに大逆転のストーリーだ。

しかし、感激しかかった私に、貴子は意外な言葉を口にした。

「……あれはもうどうしようもないわ」

聞けば、手術のために入院する予定の前日だった。

ひょんなことから京子と尚也が口喧嘩になった。

「あんな女は母親だなんて思っていない。姉ちゃんだって、あの女に苦労させられてそう思っているだろ？　腎臓移植がすんで元気になったら、一緒に仕返ししよう。あの女は一生許さない！」

尚也は母を恨んでいた。それも激しく、深く……。

あまりのことに慄然《りつぜん》として、言葉を失った。

京子は、翌日の腎臓移植手術をキャンセルした。

尚也はその後姿を見せていない。

泣いた書記官

「雄一郎」と名乗ったヒロミから連絡が来て9カ月が過ぎようとしていた。

私はヒロミとともに、関東のある裁判所で貴子と京子の到着を待っていた。

検察官を相手に「親子関係不存在」を訴えたヒロミの戸籍取得のための裁判が大詰めを迎え、母の前夫・勝が死亡しているため、当時の事情を唯一知っている母・貴子の陳述が行われるのだ。

裁判自体は勝が死亡した地である神戸で行われており、本来ならば貴子がそこまで出向かなければならないが、高齢であることなどを考慮し、私たちのいる関東と神戸の裁判所をテレビ回線で結んで陳述は行われた。

「ごめんなさい。途中で母の具合が悪くなって」

京子から連絡が入る。家から裁判所までは車で1時間ほど。しかし、貴子は途中、車酔いをして何度も吐き気に襲われたため、到着が遅くなった。裁判は予定の約1時間遅れで始まった。

普段あっけらかんとしている貴子だが、やはり緊張しているのだろう。

貴子だけが部屋に入る。神戸の裁判所のテレビモニターには、紺色の水玉のワンピースを着た貴子が映し出されているはずだ。この裁判の日に何を着たらいいのか、貴子はずっと悩んできた。裁判官に少しでもいい印象を持ってもらいたかったからだ。

神戸で裁判が行われているため、私たちのいる関東の裁判所ではこのテレビ陳述のやり取りは傍聴できない。ヒロミも京子も私も、やきもきしながら裁判所の壁に掛けられた時計の針が進むのを見守るしかなかった。

およそ1時間が過ぎた。

陳述を終えた貴子が部屋を出てきた。泣きながら笑っている。

それはまるで、出産を終えた母親のようだった。精根尽き果てながらも高揚している。

「もうね、びっくりしたの。裁判所の方（書記官）がね、私の話を聞いて、涙を流すのよ。男の人がよ。ハンカチで目を何度も押さえて。それにびっくりして、ありがたすぎて、私も泣けてしまって……。裁判所の方って皆さん、冷静なんでしょう？　こんな私の話を聞いて泣いてくれるなんて」

書記官が泣くなんて私も聞いたことがない。彼らは職務上、毎日のようにドラマさながらの人生模様を見聞きしているのだ。

苦しみながら貴子の産道をようやく通った言葉は、貴子自身のつらい人生にようやく小さな救いを与えたのだった。

後日、晴れて戸籍ができたとき、私はヒロミに何が一番うれしいか聞いてみた。

「母と親子になれたことがうれしい！　実はちょっと疑っていたんです。戸籍を作らないのは、もしかしたら実の子ではないからなんじゃないかと」

そんなことを考えていたのか……。

思いがけないヒロミの言葉だった。


母に暴力を振るった父の子として、現金書留の封筒にお金を入れる智宏。

貧困や性的暴力の過去を消すため、親に孫を見せないあずさ。

母への復讐《ふくしゅう》を誓う尚也。

そして、戸籍がなく生きてきたヒロミ。

「当たり前と思われているんですよ。きょうだいからも母からも感謝の言葉もない」

そう言いながらも、それでも母のそばにいる京子。

家族の物語はあまりに壮絶で、あまりに切ない。

これが彼らのありのままの「家族」なのだ。

何度も崩れ落ちかかりながら、それでもつながり続ける絆。

何かに縛られているとも思えてくる。

久しぶりにヒロミの母・貴子の家を訪ねる。

家の中がなんとなく明るい。天井を見るが、相変わらず電気はつけていない。

ふとテレビに目がとまる。

「テレビ、新しくなった？」

「あ、気がつかれましたか？　ヒロミが母の日に買ってくれたんです」

薄型液晶テレビに変わっていた。

「どうせＮＨＫしか見ないんだけど」

そうなのだ。貴子はテレビをつけてもＮＨＫしか見ない。それも国会中継だけは欠かさず見てきたという。


なぜ国会中継なのか。

彼女はいつか、誰かが、戸籍のない子どもたちについて質問をしてくれるのではないかと念じながらテレビを見続けてきたのだ。

いつか誰かが現れて無戸籍者を救ってくれるのではないか。

いつか誰かが法改正をしてこの問題を鮮やかに解決してくれるのではないか。

絶望の中でひたすら、画面に向かってそう祈り続けてきたのである。

きょうだいの運命――冬美の場合Ⅱ

よし子が出ていってから

「みんな、私が自殺したと思ったんです」

その後私は冬美の家に何度か通い、母・よし子自身から出奔《しゅっぽん》当時の話を聞き取った。冬美から大体の事情は聞いていたものの、よし子から直接聞くとその壮絶さには言葉を失う。

よし子がいなくなり、村は大騒ぎとなった。

山の奥、沼、川。大規模な捜索は10日間続いた。誰もが生きているよし子を探し当てられるとは思っていなかったから、鬱蒼《うっそう》とした木々の枝を払い倒しながら進んで行く足取りは一様に重かった。

夫の健司も母もその捜索には加わらなかった。誰よりも生きていることを確信していたからだろう。

「人の噂も75日って言うでしょ。3カ月もしたら、もう、話題にもならなくなったと思う。いないのが当たり前になって。でも……私はダメでね。胸の奥がごそごそするのよ。どうしても」

よし子は忘れられない思いを抱えることに耐えられなくなった。電車に乗って、わざわざ遠くの街に出かけ、公衆電話の受話器を上げる。電話番号を回す。夫が出たら、その場で切ろう。

「もしもし」

「…………」

悟。ああ、悟の声だ。

よし子は言葉を呑み込む。

「もしもし」

「…………」

「もしもし。お、お母……」

「しーーっ！」

「悟君……。あの鎌で追い立てられたときの？　入院していた？」

私が途中で言葉を挟むと、よし子は頷《うなず》いた。

「そうなんですよ。それから以降も何回か電話するんだけど、出るのは決まって悟。不思議ですよね」

周りに、絶対に知られてはならない電話。どんなふうに話したのだろうか。

「悟ちゃん。よく聞いて。お母ちゃんは生きているから。大丈夫だから。でもそれを周りの人に言っちゃダメ。いつか、会えるから。悟ちゃんが本当に大変なときは必ず会えるから。それまでいい子にしていてねって」

悟はそれで納得したのだろうか。

「うん、うんって。そこでいつも電話は切れるんです」

持っている限りの10円玉はそこで使い果たした。

「切なくてねえ。思い出すんです、あの鎌で追いかけられた日を。本当にちょっとの違いで命中しなかっただけで、あのときあの子の背中に鎌が命中して刺さっていたらと思うと本当にゾッとする」

よし子は背中に手を回した。まるで、そこに生後8カ月の悟がいるように。

さっきまでぐずっていた子が寝落ちしたことは、わざわざ首を回して確認しなくてもわかる。脱力した瞬間に背中の重みが変わるからだ。どんなに気持ちよいのか、時折布おむつから染み出た生温《なまぬる》い感覚が伝わるときもあった。自分の着ている服も替えなければならない面倒もあったが、不思議と嫌な感覚ではなかった。それほどまでに安心し切って身を預ける赤子は誰よりも愛おしい。

鎌を持って追いかけられたときの悟は羽が生えたかと思うほどに軽かった。むしろ悟が先導して走っているかのようだった。

よし子は自分が産んだほかのどの子どもとも違う感覚を悟に持っていた。つらいときはいつも一緒だった。

二人で一緒に闘い、しのぎ、生き延びた……親子というより同志だった。

「今も夢を見るんです。悟の背中に鎌が当たる、すんでのところですり抜ける夢を。苦しい夢を。でも、目が覚めて、それは夢ではなく、現実だったんだと思って、息ができなくなるんです」

よし子は話を繰り返した。

数分の1秒でも逃げるのが遅かったら、数百gでも悟が重かったら、悟の背中に鎌が刺さっていただろう。

そしてそれを止めるでもなく、口角をツンと上げながら見守っているよし子の母がそこにいたことも。

残してきた子どもたち

「お子さんたち……残してきたお子さんたちとは、その後？」

話を向けると、よし子ではなく冬美が答えた。

「来てくれたんです。家にみんなで。私が17歳か18歳になった頃でした」

「え？　お兄さんたちが？」

「はい。ね、お母さん。悟兄ちゃんが信用金庫に勤めているって聞いて……」

「そうなんです。実はね」

よし子が続ける。

「3つ行った駅で、大きなお祭りがあるんですよ。こっちに越して来てからは毎年冬美と夫（冬美の父である喜一）と一緒に行っているんです。そしたら後ろから『よっちゃーん』って、聞き覚えのある声で呼び止められたんです。振り返ると、村のトミちゃんが、『あんた、生きてたんか』って。まるでお化けを見たようにびっくりして」

夫と冬美は雑踏の中を先に進んでいる。よかった。トミ子には気づかれていない。

「『いろいろあってさ』って答えました。『子どもたちだけが心配だった』って言ったら、トミちゃんが言うんです。『悟くん、そこの信用金庫に勤めてるよ』って。

でも、何しろすごい人波で、『会ったこと、誰にも言わんでね』と言うのが精一杯。向こうも小さい子を抱えていたからそこで別れたんだけど、『（トミ子に）見つかってしまった！』という気持ちと、『（悟を）見つけた！』という気持ちとで、その日は帰っても寝られなかったんです」

「村への電話はその後絶えていたんですね？」

「そうなんです。2、3年はかけていたんですけど、あるとき見つかりそうになって。『もういいから』って悟が。それからは冬美が生まれたこともあって、私もなかなかできなくなっていて……」

「宮本……悟さん……いらっしゃいますか?」

悟が偶然にも近所の信用金庫に勤めていると聞いたよし子は、翌日、受話器を取った。

「お、お母……」

偶然にも電話を取ったのは悟だった。あのときと同じように、瞬時に母の声を聞き分けると小さな声で返事をした。

「元気だった?」

「はい」

「ごめんね」

「はい」

「うん」が「はい」に変わっただけだ。

「お母ちゃんを許してね」

「はい」

「今から住所と電話番号を言うから、書ける? びっくりするほど近くにいるの」

「はい」

村を出て生活しているのは悟ばかりではなく、5人きょうだい全員が東京に出ていた。

「賑やかでしたよ」

よし子が悟に電話をかけてから2週間後、きょうだいたちはそろって母を訪ねてきた。煮物、揚げ物、おこわ……。美味《おい》しい、美味しいと食べる兄たちの姿を見ながら、母が今までふるさとの料理を作り続けてきたのは、いつか兄たちに食べさせるためだったのかもしれない、と冬美は思った。

はかない人生

「でも」

冬美が顔を曇らせる。

「悟兄ちゃんは、そのときから……。胃の調子が悪いって、ほとんど食べなかったんです」

「その3日後に……胃がんがわかって。スキルス性の」

よし子が続けた。

「やっと会えたのに、亡くなったんです」

え……？

私は言葉を失った。

「32歳でした」

冬美が言った。

「悟兄ちゃん、お母さんと『悟ちゃんが本当に大変なときは必ず会えるから。それまでいい子にしていてね』って約束したら……本当にそうなっちゃって」

よし子が今にも泣き出さんばかりに言う。

「最後の数カ月、私と冬美で看病に通いました。結婚もしていなかったし、きょうだいたちも仕事を持ってたから。替えの洗濯物とか、私が泊まりをするときは家のご飯とか冬美はよくやってくれましたよ。もちろん戸籍がないなんて悟もほかの子どもたちも知らないから。なのに、あの男は……」

あの男とはもちろんかつての夫・宮本健司のことだ。きょうだいたちは母と再会したことは健司に黙っていた。子どもたちは全員、よし子以上に父を嫌っていたからだ。

一度だけ健司が見舞いに来るという日があって、それは事前によし子に伝えられていたから病院で会うこともなかった。

亡くなった悟の遺体は段取りよく村に運ばれ、葬儀が営まれた。

悟は生前、よし子ときょうだいに渡す預金があると言っていた。しかし、兄が信用金庫に行くと、すべてが引き出されたあとだった。日付を見ると健司が病院に来た日だった。

新しい人生を生きるために

「私、32歳を越えられないってずっと思っていたんです。悟兄ちゃんが生きた以上に、私が生きられるはずがないって。22歳のときも、32歳になる10年後には死ぬ、30歳になったときもあと2年で私は死ぬんだ、ってずっと数えていて。だからつらい思いをして戸籍を取る意味もないって。行動が起こせなかったのは、そんなこともあったんです」

冬美は意外なことを口にした。彼女が私に連絡をしてきたのは32歳6カ月のときだった。

「本当だったらもっと前から行動できたはずなのに、それもできなかったのは、やっぱりあんなに真面目でがんばってきた悟兄ちゃんの寿命が32歳で、学校にも行っていない、家の中にだけいる自分がそれ以上に生きる価値があるなんて思えなかったからなんですよね」

「前に、ゴミ出しに行くのもやっとだった、って言ってたよね？」

私はそんなことを思い出して聞いてみた。

「はい。悟兄ちゃんが亡くなってしばらくすると、幻聴が始まったんです。

朝、起きるとたくさんの人たちが周りにいて、それぞれが勝手に話すからうるさくて仕方がない。もうやめてくれって思うけど、やまない。そこから親とも口をきかない生活が始まって。……長かったです」

冬美が親に反抗するなど、想像もつかないことだ。

「それなりに荒れましたよ」

冬美は笑った。

「31歳になって、あと1年かと思ったとき、ふと、九州の父のふるさとを見たいと思ったんです。衝動的に、『今でしょ』という感じで。家族3人で、父の運転で連れて行ってもらいました。途中宿泊もして、まる二日かけてたどり着きました。母の出身の村とは違って、海のそば。

山の上にある父の父母、私のおじいちゃんやおばあちゃんのお墓に参って、そこから下を見ると真っ青な海がある。キラキラとそれはきれいな。

それを見たら、私、生きてるじゃない！　って思ったんです。今、生きているじゃないって。32歳で人生は終わるって思っているけど、そう決めているのは私で、本当はそうじゃないかもしれない。戸籍がなくても今までも生きてこなければならなかったし、これからも生き続けなければならないのかもと思った瞬間、じゃあ、どうしたらいいんだろう。このままでいいはずがないって……」

冬美は葛藤していた。

「父母以外に身近に見た人は悟兄ちゃんだけだから。そのパターンしか知らないんですよね。もしかしたら悟兄ちゃんが生きられなかった33歳を、34歳を……50歳を生きるかもしれない。知らない人生を生きるのが怖かったんだと思うんです。

悟兄ちゃん……あのとき、鎌で背中を射抜かれていたら私の命もなかっただろうし、そう思うと、なんだか生きなくちゃと思えて。そんなときに、新聞記事に出会ったんです」

ばらつきのある役所の対応

冬美の件は雅樹の件でも相談をしていた「リオ・パートナーズ総合事務所」の南裕史弁護士に頼んでいた。南裕史弁護士とは私が23歳、彼が19歳の頃からの知り合いだが、当時は私が政治家になることも、彼が弁護士になることもまったく想像していなかった。

南裕史弁護士はよし子の子どもや、当時のことを知る人々に一人ひとり面談をして丁寧な申立書を作った。本来ならば居住地で行う調停だが、案件の少ない裁判所だと無戸籍関係の手続きに認知調停ができることすら知らない場合もあったりして面倒なので、冬美と彼女が訴える相手である父・喜一が「合意管轄」をし、調停は東京家裁で行われることとなった。

申し立てが受理された証明として「係属証明書」と呼ばれる紙が発行される。１枚１５０円。これを居住地の自治体に持って行くと無戸籍でも住民票が取れる。

私は冬美と待ち合わせをして市役所に行き、まずは住民登録の手続きを行う。

「無戸籍ですよね？　住民票はできないかと。健康保険証も年金加入の手続きも難しいです」と窓口の担当者は言い張る。

「いやいや、できます」

まずそこですったもんだ、である。

「無戸籍でも住民票を発行することが可能とする通知が、平成19年に総務省から出てますから。それと、住民票がなくても健康保険証や年金もできるんです。それも同じ年に厚生労働省通知として出てます。ちょっと確認してみてください」

私がそう言うと、カウンターから自席に戻った担当者は、国の通知の一覧が収められた分厚い書物をめくった。そのうち顔色が変わるのがわかった。周りの職員たちを呼んだ。職員側の席が一気にざわつき始める。

ああ、まただな、と思う。いつも、どこの役所でもこんなふうに同じ光景が繰り広げられる。日本全国、「無戸籍」と言ってすんなり行政サービスが受けられるケースは稀《け》有《う》なのだ。

「ちょっとこちらも勉強させてもらってから部内で検討して、その結果をお知らせしますので、今日はお引き取りください」

30分ほど待たされたあげくに言われた言葉だった。

冬美の落胆は大きかった。

住民票、保険証……「自分」を証明するものを、今日こそ、ようやく得られるはずだったのに……。

「出ないはずはないから、大丈夫」

そう励ますと、冬美は言った。

「はい。ここの市役所の人が知らないだけで、できないわけじゃないんですよね。でも、これ、無戸籍当事者一人だったら、役所に『無理』って言われたら、あきらめちゃいますよ。きっとそれでやめちゃう人、多いと思います」

無戸籍者に限らず、役所の窓口に相談に来る一般市民にとって、行政側に座っている人々は「プロ」であり、その言葉に間違いはないと思うであろう。しかし、実はそうでもない。役所用語を駆使されるだけで一般市民は威圧されてしまうが、配置換えなどがあるとそもそもの知識不足の職員が平気で窓口に出ていたり、イレギュラーなことに対応できていない場合も多いのだ。そして結果的には違う対応となり、それに人生を左右される人がたくさんいることもままあるのだ。

「角田冬美」が正式に誕生した日

その日の夕方に市役所から連絡があった。

「勉強不足ですみませんでした。住民票はできます」

素直に謝ってきた。

担当者は続ける。

「ただ」

「ただ、戸籍がなくとも住民票も健康保険証もできるけれども、冬美さんの場合の姓はよし子さんの旧姓、中川姓でしか出せないから、あのとき『出せない』と言ったんです」

言い訳である。しかし、実際にそれは対応としては間違っていない。住民票で表記される姓は、今係属している調停をした結果、入る予定の姓でしか出せない。

よし子は昨年、33年を経て前夫と離婚が成立し、戸籍上は宮本から旧姓である中川に戻っていた。そもそもこの33年間というもの、日常生活は角田で過ごしていたから、戸籍名が変わっても生活上では何も変わらなかった。

ただ、保険証だけは戸籍名だったので、離婚後中川姓に変えなければならなかった。病院では顔なじみの看護師さんに「離婚したの？　それとも結婚したの？」とちゃかされたが、否定も肯定もせず「まあ」と答えていた。内心はドキドキだったのだが。医師にも「あれ？　名前変わったの？」と聞かれたが、詳しい事情は話さなかった。冬美を無戸籍のまま育ててきたなんてことがわかったら、彼らはどう思うだろうか。詮索されることだけで気が重かった。

本当は誰も他人の人生に対してそこまで関心を持っていないに違いない。しかし、何かの折に冬美の存在が回り回って前夫に伝わったらどうしようというのが常によし子の頭にはあった。

角田喜一と婚姻することも考えなくはなかったが、また姓が変わったとなったら、次こそいろいろ聞かれるのではないか。

「中川でもいい？」

冬美に聞くと、嫌だと言う。登録される姓は父の「角田」にしたい、と。

そのためにはよし子と喜一が婚姻する必要があった。

１年の間に離婚をし、結婚をする。70歳になるよし子の人生にこんなことが起こるとはよし子自身も思っていなかったようだが、父母は冬美の希望をかなえるために婚姻することを決意する。

周りの人たちは角田喜一とよし子は婚姻していると思っているから、婚姻届の証人欄に署名するべき適当な人が見当たらなかった。

私と、たまたま冬美の家の近くに住んでいる私の友人を呼び出し、喜一とよし子の婚姻届の証人欄に署名・捺印《なついん》をし、二人は夫婦になった。

たかが一枚の紙だが、これによって70歳の花嫁が生まれ、33年間身分証一つなかった娘が名乗っていた――といっても、この世でその名を知っている人は片手で数えられるほどでしかなかったのだが——「角田冬美」が、ようやく正式に登録されたのだ。

良かった!

しかし、ものの10分時計が進んだだけで、喜びは急速にしぼむことになった。

役所からの「請求書」

正式に戸籍ができるのに先行して住民票を得た冬美は、その足で国民健康保険証の手続きに行った。すると係は言った。

「過去2年分の未払い分をいただきます」

「過去2年分?」

驚く冬美。

「はい。無戸籍でも加入資格がありましたから、過去も健康保険に加入することはできたんです。手続きをとってなくてもその期間の支払いは発生します。

角田さんの場合は33年間ですが、市役所が請求できるのは遡《さかのぼ》って2年間です。何か収入を証明できるものはありますか?」

冬美は南裕史弁護士の紹介で、つい2カ月前から始めたアルバイトの給与明細を見せた。

「ちょっと待ってくださいね。計算します。

……1万8000円です」

係は素早く納付通知書まで作った。

「1万8000円……」

その額は冬美が初めて働いて得たアルバイト料と同額だった。

同じように国民年金の窓口でも過去の未納分についての請求がされた。

「来年の秋までだったら特例措置で普通は2年までのところを10年分が遡って支払えますから、払ったらいいと思いますよ」

年金保険料を10年分一括納入。たぶん180万円ほどになるだろう。

学歴もまったくない、履歴書に書けることなどまったくない冬美がそれを払えるはずもない。

よし子や喜一の暮らしにそこまでの蓄えがあるとも思えない。

冬美は住民票を得た途端にやってくる請求書に不安をおぼえていた。これからももっと別の請求書がやってくるのではないかと。

健康保険が使えないから病院に行くのも控えていたというのに。

年金だって、昨日まで「入れない」と言っていた役所が、手のひらを返したようにしたり顔で「入れます」と言う。

そしてその額を、まるで当たり前のように提示する職員たちの想像力のなさに、私も少なからずのショックを受けた。

手がかりを探して――雅樹の場合Ⅲ

空白の記憶

２０１５年2月初め、雅樹と私は大阪にいた。最初の相談から半年ほど経っていた。

「思い出して。なんでもいいから手がかりとなるものを思い出して」

思わず懇願するような言い方になる私。

しかし、小さい頃はほとんど外に出ていないことと、働き始めた16歳以降も夜の移動がほとんどで町の風景を覚えていないことなど、雅樹の記憶は曖昧で、頼りないものだった。

そうでなくても再開発もあり、10年でこの辺りの風景はガラリと変わっていた。

ここを曲がればあの店がある。あそこの先にはこのビルがあるはず……。それらの「目印」はことごとくなくなっていた。

ある公園で足が止まった。ここだ。ここに違いない。あったはずのシーソーやジャングルジムはなくなっているけれど、確かにその公園には見覚えがあるという。

そこを頼りに雅樹と「オカン」の住んでいたはずのアパートを探すが、見つからない。アパートがあったはずの場所には大きなマンションが建っていた。

家はとりあえずあきらめ、彼が最初に勤めたキャバクラ、次に勤めた店、そしてホストクラブにも当たってみる。しかしそのすべての店がすでになくなっていた。

「すみません、10年前ここにあった店のことを聞きたいんですが」

あったはずのホストクラブの隣の店に聞いてみる。

「わからへんなあ。うちも3年前に来たばっかりだし。管理会社が地下にあるから聞いてみたらどないやろ?」

隣のスナックのママさんから教えられて、地下の管理会社に行ってみる。

「そやねえ。ホストクラブは何軒か入ってたかもしれへんけど……、又貸しなんかもこのへんじゃ、ようあるやん。実際んとこ、私らも把握しきれませんねん」

ビルの地下の管理会社で応対してくれた総務部長は、地上の猥雑《わいざつ》さとは打って変わって真面目そうな青年だった。後ろから出てきたのは、彼の祖母とおぼしき人物だ。彼らはこのあたりの土地持ちで、一族で不動産賃貸業をしているのだろう。

「ごめんやで」

返す言葉を受けつけない、このひと言が重い。

私たちは元の公園に戻った。

結局何もわからなかった。

進めば進むほど雅樹の言葉数が少なくなっていく。

自分は何者なのか。それを確かめる旅。

母も、父も、育ててくれた人も、そして自分さえ誰なのかどんどんわからなくなる旅……。

疑い

実はこの大阪行きにはＮＨＫ『クローズアップ現代』の撮影クルーが同行していた。

しかし、番組ではともに街を歩く私の姿は映っていない。雅樹と一緒に大阪にやって来た、今一緒に暮らしている女性の姿も映っていない。

もし、テレビカメラが私の背中越しに雅樹を映していたならば、どんな字幕が流れただろうか……。

私「本当は私にも話していない何かがあるんじゃないの？」
雅樹「うん……？」

私「言うのが怖い？　私にも？」

雅樹「………」

大阪に来る前に、東京で準備のため「リオ・パートナーズ総合事務所」に集まったときのことだ。雅樹の記憶の中の街はどこかを調べ、南裕史弁護士の秘書が国会図書館で当時の地図をコピーしてきてくれて、みんなでどのあたりかの目星もつける。

南裕史弁護士がｉＰａｄを開いてグーグルマップに雅樹の示した地点の住所を入れてみる。表示されたのは工事中の町並みだ。雅樹が住んでいた頃とは大きく変わっているようだ。

ストリートビューを２００９年に切り替えてみる。一瞬、旅行ガイドのページが出たのかと思った。たった一枚の写真なのに、電柱にも店の看板にもハングル文字があふれていた。

はっとした。私の後ろから画面をのぞいていた雅樹の表情をうかがおうとしたが、なぜか顔を上げることができなかった。

「母親に戸籍がなかった」のは母が韓国籍だったからなのかもしれない……。いや、朝鮮籍かもしれない。

別の可能性もある。母親が過激な新興宗教かなにかに所属していて、身を潜めて暮らさなければならなかったという事情があったのかもしれない。

「オウム真理教」の前身は1984年に生まれている。

全共闘世代が夢破れた末に「ユートピア」を目指して家を出たり、コミューンを作るなどの動きは宗教だけでなく、農業系なども含め日本各地で起きていた。「サラ金地獄」なる言葉が使われ出したのも、雅樹が生まれるちょっと前からだ。当時、「消費者金融」が社会問題となっていた。普通のサラリーマンやOL、主婦が気軽にお金を借りられる反面、ひとたび返せなくなると過酷な取り立てが行われる。「夜逃げ」をする人も多かった。

うまい投資話に高齢者が騙され、被害総額約2000億円、会長が刺殺される事件に至った豊田商事の前身「大阪豊田商事株式会社」ができたのも1981年のことだ。

当時の社会はそんな混迷の中にあった。高度成長で物質的に豊かになったけれど、一方で社会のひずみは確実に生じていて、それはあちこちに亀裂をもたらしていた。

どれもこれも、可能性はゼロではない。そしてこの街は、そんな事情を抱えた人々が身を隠すのには十分、いや最適な地域に思えた。

「戸籍の売買」も当時はたびたび世を騒がせていた。彼の親がそれに手を染めていたとしたら……。もしかすると、世の中には「近藤雅樹」が本来使うべき戸籍で生きている人がいるのかもしれない。

そんなことも考えられる。

「何もわからない」

過去のディテールをたずねるたびに、私にそう答える雅樹だが、本当はテレビの取材にはもちろん、私にも言えない何かを隠し持っているのかもしれない。いつからか私は、そう思うようになった。

大阪でその部分を彼が語ってくれることを私は期待していた。

だが、雅樹が何かを「知っている」としても、それは「言えない」のだということもわかる。私はそれについて何も言わなかった。

自分が何者なのか、それを知るために彼は勇気を振り絞って、私に連絡を取り、こうして取材も受けている。

しかし、自分の真実の姿を知ること、それは彼にとってリスクを背負うことでもある。

警察にも、調査・尾行されているかもしれない。

成人が「就籍」を申請する場合、外国の諜報《ちょうほう》活動をしている人物ではないか、反社会的な目的で不正に戸籍を取得しようとしていないかをまずは疑われる。場合によっては一定期間、警察の捜査対象となっても不思議ではない。

それも彼は承知している。

母親が離婚後300日問題にかかっていようが、韓国籍であろうが、危険な新興宗教の信者だろうが、サラ金に追われて夜逃げしていようが、今の雅樹には関係がない。本人には何の責任もないことだ。

それなのになぜ、これ以上、苦しまなければいけないのか。

雅樹は、もう十分すぎるほど理不尽な「親の因果」に報いている。

公園の前で、長いこと立ち尽くす雅樹。

自分が誰かわからない。しかし、確かに生きて、ここに存在し、自分の過去と向き合っている。

「行きましょうか」

そうつぶやいて、彼は歩き出した。

第4章　動きだした無戸籍者たち

個人の問題から社会問題へ

「いない」ことになっていた理由

「今まで法務局や市役所に相談しても、まったく動いてくれなかったんですよ。それがこんなに一瞬で動くなんて。いったい今までの三十数年はなんだったのか、と思ってしまいます」

成人無戸籍者として生きてきた年月の末、「家族の会」のサポートを受けて戸籍を手にした人たちは、異口同音にこうした感想を述べる。

「300日問題」に該当するとわかっていて出産に臨む妊婦たち、新生児や乳児を抱えて調停の準備を行う無戸籍児の親たちも「サポートがなければ、本当に大変だったと思います」と言ってくれる。

でも、私たちは特別なことをしているのではない。

本来、彼らを支えるべき役所の対応が「不十分」なだけで、きちんとした知識を持っていれば、多くは窓口だけで十分対応できるはずなのだ。

本格的に無戸籍者の支援活動を始めたのは、私の子どもの戸籍の問題が解決をみた２００３年のことだ。

すでに書いた通り、私はいやおうなく「法廷闘争」に引きずり込まれ、育児や仕事をしながら調停・裁判のための訴状を書き、一方で市長や法務大臣宛ての要望書を仕上げ、この問題に詳しい著名な大学教授や国会議員、法務省民事局長にも会いに行った。我が子の戸籍を取るための助けになると思われる場所にはどんなところにも出かけていった。「なんとかしなければ」という強い思いが私を動かした。家に閉じこもっていると、心配で押しつぶされそうだったのだ。

最初は「原理原則にがんじがらめの裁判所」より、法改正も含めての「政治的解決」を目指したほうが早いのではないかと思っていた。

民法７７２条が時代に合わないのは、誰が見ても明らかだったからだ。

にもかかわらず、動かない。まったく、微動だにしない。

会う人会う人に私の思いをぶつけてみた。

驚いたことに、この法律が現状にマッチしていないことを、会いに行った関係者はみんなうすうす気づいていた。「わかっていた」のだ。

「あくまで父子関係の『推定』なのに、まるで『確定』事項のようにそれをひっくり返すのが難しいんだよな」

「父親なんてDNA鑑定で一発でわかる時代だよ。それに早産でも子どもが育つ確率も高くなっているのに、出産日を基準に『300日以内』としているのもおかしいんだよな」などなど。


法律に関わる人たちは、そこに不備・不足があることを知っている。なのに変わらない。なぜなのだろうか。

それは「当事者がいない」からだった。

法律を変えようにも、それで利益を得る人がいなければ「効果がない」「やる意味がない」ということになる。

しかし、この件に関する「当事者」は「いない」のではなく「可視化されていない」だけなのだ。

前にも述べたが、事実に即した戸籍が欲しいという人々の申し立てが年間3000件あるということは、子・母・事実上の父・前夫と、当事者にあたる人が、単純計算でも毎年1万2000人増えているということだ。

でも彼・彼女らのほとんどはその置かれた環境が過酷すぎて、声を上げられるような状況にない。

う人も多い。

前夫のDVなどから逃げていて、どこで暮らしているか知らせることができないとい

またこの問題は匿名性も高い。「無戸籍であることを人に知られたくない」というのは、当事者たちの共通の心理だ。

結局、「無戸籍児・無戸籍者」たちの問題は社会の表層に出てこない。つまり「ない」ことになってしまっているのだ。

私のように声を上げた者にとっても、心身の負担は大変なものだった。たとえば調停・裁判を起こすだけでひと騒ぎだし、お金もかかる。そうでなくとも出産直後だ。何度もくじけそうになった。

とはいえ、私は裁判には勝訴した。無事、子どもの戸籍はできて、自分の問題は終わった。

しかし、そのままの法律で、運用も変わらないとするなら「無戸籍」の人は生まれ続けていくだろう。

「自分たちの子どもの戸籍ができて、『ああよかったな』でこのまま終わらせたら、卑《ひ》怯《きょう》な気がする」

夫がぽつりと言った。

「卑怯……」

それを気づきながらこのまま放置したならば、私も、私たちに心ない言葉を浴びせた役所の人々と同じになってしまうのではないだろうか。

NPO法人立ち上げ

たまたま私たち夫婦は、二人とも松下政経塾の出身で、霞《かすみ》が関《せき》や永田町《ながたちょう》といった世界に近いところにいた。法務省の房村精一民事局長に話をつないでくれた河村たかし衆議院議員（当時）を紹介してくれたのも、政経塾の同期だったことは前述した通りだ。

調停・裁判には慣れないものの、見よう見まねで中立書を書いたり、口頭弁論に出ることも、ほかの人に比べれば心理的ハードルはずっと低いと思う。

今まで、この問題に苦しんだ人はたくさんいるが、ほかの人たちははじかれ、私たちが突破できたのは単にその違いだけだ。

ただ、もしそうした巡り合わせがなければ、私の子どもは今も無戸籍のままだっただろう。そして、自分が絶望の中で子育てをし続けていただろうと思うと、今でも落ち着かなくなる。

相談の電話をかけてくる人々は、電話の途中で必ず泣く。「どうしていいのかわからない」と言って……。

本当に「どうしていいのかわからない」のだ。この気持ちは当事者になってみないと理解できないものかもしれない。

私は自分の気持ちを再確認する。

「無戸籍児が一人もいなくなるまで闘う」

揺らぐことはない。「無戸籍」はもはや個人的な問題ではない。社会的課題なのだ。

今まで個人のホームページで細々とやっていたメール・電話での相談を続けるだけでは、問題解決はおぼつかない。

では、何をしたらよいか。どうやったらこの問題に終止符を打てるのか。

報道やホームページで私の活動を知って集まってくれた、志をともにする仲間４人とＮＰＯ法人を立ち上げることにした。

仲間の一人が、長年活動してきた市民団体名「親子法改正研究会」を使ってほしいというので、そのまま特定非営利活動法人として登録した。

「無戸籍」について語ろうとすると、必ずこういうことを言う人がいる。

「それは女性の貞操の問題じゃないの？　離婚後すぐにほかの人の子どもを産む女性に同情はできない」

この問題に関する偏見は根強い。

だからこそできるだけ「公」に近いところで活動する必要性を感じていた。大阪・海《え》老江《びえ》にある大阪市ボランティアセンターでブースを貸し出していて、書類提出と面接審査を経て、センター内のデスクを借りることができた。1カ月2万円そこそこで活動の拠点を持てたことは、今思っても幸運だった。

このセンターにブースを持てば、印刷や会議室などの使用も安価で可能となる。何より「ああ、事務所はボランティアセンターに入っているんですね」と、名刺の住所を見て当事者もマスコミ関係者も安心する。団体として「身元確認」が取れるのだ。「公」に近い場所で活動するメリットを、その後もたびたび実感することができた。

姿を現す無戸籍者たち

会報『ねこの目』からの発信

ＮＰＯ法人にしたことで、信頼度が高まり、当事者からの事例が集まりやすくなったり、『ねこの目』と名づけた会報を発行して家族法学者や弁護士、マスコミ関係者など各方面に送ることで認知を広げられたのは大きな前進だった。

『ねこの目』には、無戸籍や戸籍制度をめぐるさまざまな情報などとともに、相談者の「手記」も掲載した。

そこに書かれた内容は、「無戸籍」に至る過程がいかに多様かを示していた。また、民法７７２条の不備、それに翻弄される家族や前夫の苦悩などがありのままに語られ、どれを読んでも胸が詰まるような内容だった。

そのうち、それを読んだテレビ局や新聞社から取材を受けるようになった。「無戸籍問題」というものが存在するのだ、ということが少しずつ表に出ていく。

ＮＰＯ法人を立ち上げて2、3年はまさに「なかった問題」を「ある問題」に変えていく、つまりは「社会化していくプロセス」を学ぶ時期であった。

ただ、活動の拠点が大阪ということもあり、新聞でも大阪本社版には掲載されるが、東京本社版には載らない。テレビも同様で、あくまで「ローカルニュース」としての扱いだった。

関西からどんなに発信しようが、政治を動かすためには東京で活動しなければならないと気づくのには、もう少し時間がかかった。

私自身も幼い子どもたちの子育てをしながらの活動だったし、目の前の相談者の支援に回るだけで精一杯だった。

友人になりすました母

具体的事例が積み重なれば積み重なるほどに、思いもよらないケースに驚くことが増えてきた。個別の当事者は情報もなく困惑と絶望の中でさまざまに苦しんでいる。中には追い詰められた末に、「違法」な行為をしてしまった人もいる。

当時『ねこの目』に寄せられた手記の一つは、なんと「戸籍を偽装したケース」だった。

安藤ルミはＤＶ夫から逃れるため、家を出た。離婚が成立するのはその２年後のこととなる。

別居中に妻子ある外国人の子を妊娠し、離婚が成立した直後に出産。当然、民法772条の嫡出推定で生まれた子の父親は前夫とされる。出産直前にそれを知ったルミは自宅分娩《ぶんべん》をして出生届を出さずに、自分一人で子どもを育てようと考えていた。

しかしルミと子どもの安否を気遣った友人夫妻が健康保険証を差し出した。

「私の名前で出産して。私たちの子どもとして戸籍を取ればいいんじゃない？」

ルミは友人の名を借りて病院で出産、そのまま友人の子として出生届も提出され、子どもは友人夫婦の３番目の子として登録された。

退院後、ルミはこの友人宅に世話になりながら養生《ようじょう》をし、子育てをした。

市役所から保健所の保健師が乳児健診で回ってきたときは、さすがにドキドキしたという。

とりあえず新生児に対する保健サービスもクリアした段階で、ルミは新たにマンションを借りて、子どもと二人の生活を始める。

そしてその半年後に養子縁組をして、実子であるにもかかわらず「養子」としてルミの戸籍に入った。

平和な日々が続いたが、ある日、内容証明郵便が届く。

前夫からだった。

粘着質の前夫は、離婚から半年後、探偵を使いルミの生活を詮索し、養子縁組していることを知るのだ。

戸籍を偽装していることを突き止めた前夫は、「その子の戸籍は虚偽記載で、本来自分に嫡出推定が及ぶから裁判所に訴えを起こす」と半ば脅しのように連絡してきた。

驚き慌てたルミは、考えあぐねた末に、私たちのところに相談に来たのだった。

結局ルミの子どもの戸籍偽装は明るみに出た。が、罪には問われずにすんだ。ルミを訴える前夫の異様な態度を見てほかに方法がないがゆえのこと、と理解されたのかもしれない。しかし、それでもこんなことまで起きるとは、と私たちも衝撃を受けた。

「やってはならないこと」の一線を越えてしまう、それほどまでに追い詰められる当事者の姿を見て、やはり抜本的な対応が必要なのだと痛感した例だった。

身勝手な理由

一方で、「これはちょっと無責任だろう」という親にも出会う。

子どもができたら困ることもわかっている状況で、避妊をしない。その結果、子どもを無戸籍という立場に陥れることになっても、どこかお気楽で、問題が解決しないうちに、また別の男性との間に次の子ができたりする。

いわゆる不倫で妊娠したが、それが前夫にバレると離婚も不利になる。不倫ではないと主張したいがどうしたらいいか、という相談もある。

こうした人々に対する役所の職員や、家庭裁判所の調停員が、どういう反応をするかはご想像の通りだ。

私もあまりに身勝手な相談者に出会うと、やんわりと諭す。

しかしそういう人たちに限って、その後の行為が改まらないこともままある。逆に支援が難しくなることもある。

ばからしくなって、支援をやめてしまおうかと思うときだって、ある。

しかしそれでも、子どもたちに無戸籍の理不尽を背負わせるわけにはいかない。

そうした当事者を見てきて、あるとき気づいた。

実は彼らはそうやってずっと、社会から「排除」され続けてきているのかもしれない。

どこに行っても「自己責任」という言葉のもとで真っ先に社会から排除されかねない彼ら。市役所などへの同行支援をし、事例を重ねていく中でその冷たさを私も実感していた。

あるときから、彼らに対して私は自分の「本音」を伝えるようになった。

「なんでそんな男に騙されるの？」

「こんな適当な親なのに、子どもは素直でいい子だよね」

死んだような目をした母親も、子どもたちを褒められると途端に笑顔になる。

その瞬間に、私は言いたかった思いを伝える。

「役所が見捨てても、私たちは見捨てないからね」

見捨てられ続けてきた彼らが最後にたどり着く、すがることのできる場所が必要なのだ。それがなければ、子どもたちには永遠に戸籍ができないかもしれないのだから。

イギリス生まれの無戸籍児

海外からの相談も多く舞い込むようになった。そのうちのいくつかは『ねこの目』にも掲載された。

制度の矛盾をつくという意味で、外国での対応との比較は反響を呼んだ。

中でも日本人の妻とイギリス人の夫の間に生まれた二重国籍を持つ子どもについて相談に来た青木紀子の事例は、日本の民法の矛盾があらわになるものだった。

イギリスには「再婚禁止期間」がない。よって日本人の夫との離婚後、ほどなく再婚したイギリス人の夫との間にできた紀子の子の父は「イギリス人の夫」となる。しかし、日本で登録しようとすると父は「前夫」となる。

同じ人間なのに国籍によって「父が違う」ことになってしまうのだ。

イギリスには嫡出子・非嫡出子を規定する法律はない。子どもが生まれた場合、地域のレジストリー・オフィスというところで出生届を提出する。

父母の婚姻と親子の関係は必ずしもリンクせず、たとえば母親が婚姻していても配偶者以外の男性を子の父親として登録することもできる。つまりは「母と婚姻している夫が父」「離婚後も300日以内の出生なら前夫が父」と「国」が推定している我が国とは違って、子の出生ごとに「自分たち」で「父」を決めることができるのだ。

二つの国の法律のはざまで困った紀子は日本の法務省に問い合わせた。答えは意外なものだった。「二国間で法律上の父が異なる場合は父未定とする」

89年に出た民事局長通達だった。つまりは一部の国際結婚の場合は、父欄に「未定」と書きさえすれば出生届は受理されるのだ。再婚相手の国籍によって、子の戸籍や日本国籍を得ることが左右されてしまう現実。紀子の子はこの方法で戸籍に記載された。

紀子とは彼女が一時帰国をして東京に滞在している中で会い、記者会見などにも参加するなど本当に協力してもらった。

このときの体験をもとに今、無戸籍問題解決策の一つとして私は、「父未定」での出生届提出を、提案している。

「善意の」加害者

「存在しない子」

私自身の子どもが「生まれた子どもになんら縁もゆかりもないはずの〝前夫〟の名前でなければ、戸籍は作れない」と言われたときは衝撃だった。しかし「誰かはわかってくれるはず」「助けてくれるのではないか」と、藁《わら》にもすがる思いで飛び込んだ先の市役所の対応は容赦なかった。

「登録されなければ、国にとっても市にとっても『存在しない子』なんです」

存在しない子!?

子どもを目の前に、市役所の職員から言われたこの言葉を私は忘れることができない。

「この子はここにいます。誰が否定しても、ここにいます!」

「存在しない子」なんていない。

戸籍がなくたって、どの子も確かに「生きている」のに。

情けなくて涙が出た。それはこの発言をした市役所の職員も決して「悪気」があって言ったことではないのがわかるからだ。

なんの邪気もなく思ったことを口にする。法律に従って善き社会人であろうとする中で、冷酷な本音がこぼれ落ちる。その言葉の奥には、彼らが常識と思っている「あるべき姿」がある。

「あるべき家族」「あるべき女性」……。

「その『あるべき』から少しでもはみ出しているのだから、あなたたちはなんらかの罰や痛みを受けても、それは仕方がないのだ」

彼らは素直にそう思い込んでいる。

無意識の中に持つ、偏見や蔑《さげす》み。そうした「善意の」加害者に出会うたびに、実はそれは自分の姿でもあると気がつく。

生きる中で、私たちは知らず知らずのうちに、「あるべき」を強要してしまっている。他人に対して、地域コミュニティに対して、また社会に対してもだ。

いつしか染みついたそうした偏狭な価値観が、あらゆるところで弱い立場の人々を追い込んでいるのではないかと思う。

また、親の「あるべき姿」を、無戸籍者当人に説いたところで、解決には至らない。しかし、無戸籍者たちは何度もこうした目に遭っている。

それは、少し立ち位置を変えてみればわかる話だ。そこに思いが至らないのは「善意の」加害者たちの多くが、誰かに、何かに、「守られて」生きてきたからだと思う。

それは自分の努力によるものではなく、「たまたま」という要因のほうが強いはずだ。当然のこととして享受してきた、一定の恵まれた状況があるからこそ、違う立場の人への思いが至らないのだ。「だからこそ」やっかいなのである。

もし、である。もし彼らにそうした「あと一歩」の気遣い、そして想像力があれば、もしかすると無戸籍者たちが直面する厳しい状況のいくつかは解決しているに違いない、と思う。

「離婚のリスク」

「実は……」

無戸籍の運動を始めたばかりの頃、しばらく会っていなかった友人から電話が来た。

「井戸さんのやっている活動なんだけど、心から応援したいんだ。実は……僕、……嫡出否認をした経験があるんだ。

前の結婚で、妻が浮気をして、子どもができたから別れてくれって。とんでもないことだけど、このまま別れないと、浮気相手との子どもが、僕の戸籍に入ると脅されて」

衝撃的だった。

「『嫡出否認』っていうのをしないといけないと言われて、裁判所に行ったよ。自分の子ではありません、って、わざわざ言いに行くんだぜ。どれだけの屈辱か。今思い出してもひどい話だよ。裁判官には根掘り葉掘り聞かれた。浮気した妻とのセックスや……」

友人は続けた。

「避妊の話も。実は子どもが欲しかったけど、彼女はまだ早い、とずっと避妊をしていたんだよ。それが別の男の子どもを妊娠したって、どういうことなんだ？　と。真顔で聞かれるんだよ。男は傷つかないと思っているんだよね。

それから、僕は自分が男としてダメなんじゃないかって、ずっと悩んじゃって……。ようやくこうして話せるようになったけど、本当に傷ついた。慰謝料なんかもらったら、それこそ慰め料みたいでプライドが傷つく。だからもうさっさと別れたけど、そこからが本当にきつい日々。落ち込んで何もかもがうまく回らない。

今日、こうして話せるようになって、ようやく乗り越えられたんだな、と思った。4年かかったよ」

「ああ、そういう立場の被害者もいるんだ……」。目からウロコが落ちる思いだった。

「前夫」たちもまた、いらない調停や裁判を通して、計り知れないダメージを受けるのだ。

「男性は傷つかない」という思い込みや、逆に、男性優位の法運用の中で彼らを守っているようで実はそれこそ大きなリスクを背負わせてしまっていることにも社会はあまりに鈍感である。

そのことを市役所の人に言ってみた。

「それも『離婚のリスク』です」と、さらりと返された。

「女性は『離婚後300日以内』に子どもが生まれるリスクがある。男性たちは何もしなくとも、離婚したあとも他人の子が自分の子になるリスクがある。つまりどちらにとってもそれは『離婚』を決断した以上、受け入れなければならないリスクなんです」

あまりの言葉に愕然とした。

そもそも現在、どういう事情であれ、離婚は当人たちの意思で（場合により調停・裁判で）できること。当人たちや子どもが傷ついたり傷つけたりという愛憎はあったとしても、それは個人間の話。離婚自体が社会的に「悪いこと」ではないはずだ。

なのにその当事者や子どもに法が「リスク」を負わせて当然と語るのは一片の根拠もない。しかしその窓口の人は単純に「離婚は悪」、「あえてするなら甘んじて罰を受けるべし」と思い込んでいるのだろう。

「善意の」加害者との会話はすれ違い続ける。それは、決して交わることがないような無力感に襲われる。

日の当たる場所へ

「無戸籍児を救え！」キャンペーン

私のケースが「毎日新聞」に取り上げられたのは、まったくの偶然によるものだった。無戸籍児やその家族の支援が、少し軌道に乗ってきた2006年頃のことだった。インターネットでYahoo!ニュースを見ていたら、「戸籍なくて2歳に」という見出しが目に飛び込んできた。配信元は毎日新聞だった。

クリックしてみると私たちと同じようなケースだった。記事は「稀有な例」というような書き方をしていたので、記者宛てにメールを送った。こうしたケースは年間3000件起こっている。決して特別なことではないのだ。

するとすぐに返事が来た。「この問題に関心があります。もっときちんと勉強したいので、お会いしたいのですが」と書かれていた。

その記事を担当した毎日新聞の記者は、20代後半の若い男性記者・工藤哲氏だった。

それまでは北朝鮮拉致《らち》問題などを追っていたという。人権関連の問題に関心がある様子だった。私は彼に自分の経験を洗いざらい話した。

私たち親子のケースは唐突に、2006年12月31日、大晦日《おおみそか》の社会面に大きく掲載された。

大晦日の新聞は、ほかの日の新聞よりも各家庭での保管度が高い。紅白歌合戦の出場歌手が歌う順番の書かれたテレビ欄が載っているからだ。このためか、結構な数の人々がこの記事を丹念に読んでくれた。

偶然は重なるものだ。

その新聞を、ある夫婦が読んでいた。妊娠8カ月の早産で出産したがために、300日にあと9日足りなくて「前夫の子」とされてしまうことになった夫婦だった。

毎日新聞を通して連絡を取ってきたこの夫婦とともに、あまりに理不尽な規定の見直しを求める運動を始め、それが記事になった。一連の報道は2006年から2008年にかけて、毎日新聞「無戸籍児を救え！」キャンペーンとして同紙紙面で大きく展開され、反響を呼んだ。

これを支えたのが毎日新聞社会部デスクの照山哲史氏だった。どんな小さな動きでも必ず活字にしてくれた。

このキャンペーンは、平和と民主主義の確立や、言論・報道の自由に貢献した記事に贈られる新聞労連の2007年の「疋田《ひきた》桂一郎賞」を受賞した。

相当な数がいるであろうと推測される「無戸籍者」だが、実際の当事者自身は「こんな人は自分のほかにはいないだろう」と思い込んでいるケースが大半である。離婚に対する世間の偏見もあり、知人や親戚も含めて誰かに相談することがなかなかできない。だから横のつながりというものがないし、情報交換をすることもままならない。

そんな中でのこのキャンペーンは、状況を動かす大きな一歩となった。

無戸籍児家族の会

その後間もなく、民法772条改正の動きが国会で起こったが、後に詳しく述べるように、頓挫してしまった。私はこの反省から、従来のNPO法人「親子法改正研究会」に加え、当事者が集まる「民法772条による無戸籍児家族の会」を立ち上げた。

結局、「当事者」が束になって動かないことには、世論は作れないと痛感したからだった。

「家族の会」ではホームページも立ち上げ、メールでの相談は関西支部代表である柴田ゆかりが担当、電話での相談は引き続き私が担当することになった。柴田は自らも無戸籍児の母となった経験を持っている。東京と神戸に拠点を持ち、関東地区では川村美奈が代表となった。毎日新聞のキャンペーンで核となった、8カ月で早産をした子どもの母だ。

以降、日々の相談や支援と並行して国会議員への陳情、法務大臣との面談、法務省や各政党の政調会でのヒアリングなど、法改正に向けて幅広い活動を続けている。

無戸籍者は姿が見えない「存在しない人」から、「名前は明かせぬものの確かに存在する生身の国民」として「可視化」され始めた。「無戸籍問題」の存在がようやく世間に知られるようになったのである。

キャンペーンと活動の成果

キャンペーンとリンクした「家族の会」の一連の動きは、主に5つの成果を生み出した。

1点目。法務省民事局長通達が出され、「離婚後懐胎」については、医師の作成した証明書の添付で調停・裁判を経ずとも出生届が受理されるようになった。

2点目。裁判所によって対応にばらつきがあった民法772条関連での前夫を介在させない実父との「認知調停・裁判」が、一般的なものとして最高裁のホームページに記載された。裁判官などへの研修も行われて周知徹底が図られるようになった。

3点目。無戸籍でも調停・裁判の係属証明書があれば「戸籍を取る意思と見込み」があると認められ、住民票の交付が可能となった。

4点目。無戸籍者へのパスポート交付。これは全国で33人の無戸籍者たちが一斉に申請を行ったことによって動いた。

5点目。「家族の会」と鳩山邦夫法務大臣（当時）の面談が実現したことにより、婚姻も可能であることが確認され、女性の無戸籍者が出産した場合も、その子どもに無戸籍が連鎖しないよう配慮されるようになった。

「姿を現した無戸籍者たち」の声が、キャンペーンを通じて国や行政を少しずつ動かし始めたと、当事者たちにとっては大きなニュースになった。

これらの成果により、とりあえず、無戸籍者が日常生活で困る状況は、少しずつだが、それなりに改善された。

法律の限界

1点目の「離婚後懐胎」を救うことと、2点目の調停・裁判での前夫を巻き込まない手続きである「認知調停」の周知徹底。

逆に言えば、法務省はこの二つで「無戸籍者問題」は沈静化すると認識していたのかもしれない。確かにその直後には、少しばかりの「好転」が見られた。

だが、結果的には「無戸籍」関連での調停・裁判の数は減らなかったどころか、民法772条の「嫡出推定」に対しては、新しい角度からの問いかけが次々と来るようになった。

その一つが「性同一性障がいで性別変更をした元女性の男性」のケースである。性別変更をし、法律婚をしたあとに、「精子提供」を受けて妻は懐胎したが、生まれた子どもの父としての届け出が認められず、子どもが無戸籍になってしまったのだ。

しかし一般に、男性不妊で「精子提供」を受けた場合、夫は生まれた子の父として届け出をすることができる。その取り扱いとの違いは差別的だとして、夫婦は裁判で争った。

法廷では2011年から争われ、山下敏雅弁護士をはじめとする大弁護士団が作られたが、地裁・高裁ともに敗訴となった。ところが、2013年末に最高裁は高裁での判断を覆し、「性別変更後、男性となった者を父と認める」との決定を出した。

つまり「血縁上の父とはなりえない事情があっても嫡出推定が成立する」としたのだ。「元女性」の夫は、晴れて父親となれたのである。弁護団の熱意が実った瞬間だった。

二つ目の例は、DNA鑑定で血縁がないとわかった場合の父子関係についての問題だ。出生時に、母親と婚姻中、または離婚後300日以内だったため、嫡出推定で「父親」とされた法的父親が、血縁がないとわかったあとも父親とされていることに対し、父子それぞれから異議を唱える裁判が複数起きた。

2014年7月には、血縁がないとわかったので父子関係を解消したい、と求めた妻側からの訴え2件と、別の家族で、DNA鑑定で血縁がないとわかった子どもとの親子関係を取り消すことを求めた父親からの訴え1件の合計3件に、同時に最高裁判決が出た。

その判決はいずれも、血縁がなくても、父親との「法的父子関係を優先する」というもので、それをDNA鑑定で取り消すことを可能とすると、これらのケースでは子への不利益が大きいと判断したというのだ。

裁判官の判断が3対2と割れた際どい結果だったが、最高裁はこの判決文の中で「血縁上の父とはなりえない事情があっても嫡出推定が成立する」とした上で「これまでと同様、たとえ夫婦として外観的に成立していても、夫が服役や海外渡航などで性交渉が想定されないときは『血縁上となりえないので推定が及ばない』」と書いている。

同じ父子関係の前提として血縁を認める立場と、認めない立場、まったく違う根拠が示されるという「矛盾」が生じているということだ。

この判決文に付記された補足意見を見れば、賛成・反対いずれの立場からもこの判決を「今の民法」のもとで裁くことの難しさが表明されている。

多様化する家族の形態、さまざまな事情が背景にある子どもの誕生の経緯を考えれば、今の民法の規定は現実にそぐわなくなっている。にもかかわらず、その矛盾を抱えた法律のもとで父親を決めることは「もはや限界」ともとれる文章でもある。裁判所も悲鳴を上げているのだ。

２０１５年11月には、俳優の大沢樹生氏が喜多嶋舞氏と婚姻中に出生した子に対して起こした親子関係不存在裁判で、ＤＮＡ鑑定結果で親子関係が確認できず、大沢氏の主張通り、親子関係はない、との判決が出て話題になった。

ＤＮＡ鑑定が重視されたものと理解されているこの判決ではあるが、実際は血縁よりも「いつ生まれたか」が焦点だった。

大沢氏と喜多嶋氏はいわゆる「できちゃった婚」で、子どもは婚姻後ちょうど２００日で生まれている。民法７７２条の規定では「そもそも大沢氏の子として「嫡出推定の及ばない子」となる。

ただ、通常こうした「嫡出推定の及ばない子」も出生届の提出で「認知準正」という形をとって夫妻の嫡出子となるのだが、２０１４年1月に最高裁は「認知はあくまで血縁前提のため、血縁がない場合無効を訴えることができる」という判断を下している。大沢氏の判決もこれに準じた形と推察できる。

２０１日目に生まれていれば「嫡出推定」がかかり、ＤＮＡ鑑定が0％でも父親は大沢氏となるが、２００日目であれば「推定のされない嫡出子」となり、認知が無効とされ父子関係は否定される。

一日だけの違いで父が決まったり、否定されたり。子どもの立場からすれば過酷としか言いようがない。

このようにＤＮＡ鑑定の扱い一つにも対応できず、限界に来ている民法７７２条の「嫡出推定」。この改正なくして、「無戸籍問題全面解決」への道はない。

なのになぜ、それは結実しなかったのか？　次章では、その真相を探っていくことにしよう。

第5章　政治の場で起きたこと

国会の動きとつぶされた改正案

早川元議員との再会

「お久しぶりですな」

早川忠孝元衆議院議員は、以前と変わらない生気あふれる笑顔で迎えてくれた。

この早川氏こそが、2007年自民党の「民法772条見直しプロジェクトチーム（PT）」座長で、この法案の責任者であったキーパーソンである。

東京メトロ有楽町線で池袋から1駅行ったところに要町《かなめちょう》という駅がある。その要町駅のほど近くに早川氏の事務所はあった。

早川氏はすでに政界を引退し、弁護士として活動していた。

2015年の今、約8年ぶりにまた早川氏に会いたいと思ったのは、プロジェクトチームでほぼ固まっていた民法772条の改正が、なぜ道半ばで頓挫したのか、そのとき、何が起こったのか、まずその中心にいた早川氏から聞かなくては、と思ったからだ。

早川氏は当時自民党の議員として、公明党の大口善徳衆議院議員とともに民法772条の改正案を作成した。

それは、

離婚後300日以内に生まれた子でも、①前夫が自らの子でないと認めた書類や、②現在の夫の子であるというDNA型鑑定の結果の届け出があれば、現在の夫の子として出生届を受理できるようにする。

という内容だ。

PTでは大方の賛同を得た。PTはさらに、関連する再婚禁止期間について定めた733条も同時に見直すことを表明。これは法制審議会からも改正の提言が出ていたこともあり、法律論的に言えば妥当な判断だった。

しかし、これに保守派が反発し、結果的には早川・大口案は幻となった。

ただこのとき、法務省は一つの行動を起こした。それが前述した民事局長通達である。「婚姻の解消又は取消し後300日以内に生まれた子の出生の届出の取扱いについて」。これはつまり「離婚後に懐胎したことを証明する医師の作成した証明書を添付すれば、現在の夫の子として出生届を受理する」というもの。これによって無戸籍問題も一歩前進はした。しかし救済されるのは無戸籍に悩む人たちのごく一部。逆にその不完全な対応のまま、問題が固定化することを恐れる声も出ていた。

実際に8年後の今、その「恐れ」は現実となってしまっている。

私の相談者である成人無戸籍者・ヒロミたちを取り上げた2014年の報道が新たに反響を呼んだことなどを受け、2015年春には国会でも「無戸籍問題を考える議員連盟」（後述）ができ、たびたび報道もされるなど、「無戸籍問題」は再び日が当たってきたようにも見える。しかし、実際には看板を掲げただけで、解決への歩みは遅々としたものである。

法務省は2014年7月から「実態調査」を始め、月ごとに全国の法務局内にある市町村長や児童養護施設からの報告をまとめ、発表していたが、小手先の対応でお茶を濁そうとしているのは明らかだ。

民法772条の改正が進まないのは、先にも示したように「保守派」の反発が大きいからだ。民法改正を行うことによって「伝統的家族」のあり方が否定されること、さらにこれが「アリの一穴《いっけつ》」となって民法が次々と改正され、「国家の根幹までもが壊れていく」と主張する政治家たちがいるためである。

彼らを力業《ちからわざ》でねじ伏せるのではなく、どうにかして接点を見つけていかないことにはこの問題はいつまで経っても解決できない。それがこの8年の間に私の学んだことだ。

そのためにも、前回目前までいった法改正がなぜ頓挫したのか、を詳しく知りたかった。知らなければならなかった。

「それこそ民主党政権の時代になんでできなかったの？　やればよかったんだよ、井戸さんが」

席に着こうとした私に、早川氏から手痛いひと言が飛んだ。

与党ＰＴでの法改正の取り組みが失敗に終わった翌２００８年、県議会議員だった私に、２期目の途中で、衆議院への転出の打診が来た。

所属している民主党で、前任者の石井一氏が参議院に転出したことにより、その後任として私が兵庫１区の候補者となったのだ。

そして迎えた２００９年の夏。「政権交代」を掲げた民主党大躍進の選挙を経て、私は衆議院議員に初当選した。

一方で、同じ選挙で早川氏は落選し、政界を引退することになった。

「民主党政権の時代に」

早川氏の言葉が刺さる。

それができると、私自身も信じていた。

しかし、詳しくは後述するが、当時の政治状況がそれを許さなかったのだ。

私は早川氏にこれまでの経緯を説明し、いよいよじっくり07〜08年当時の話を聞こうと姿勢を正した。

「役人は本当にうまいんだよ」

「僕らの改正案はもう、ほとんど通る状況だったからねえ。ＰＴではどんどん進んで、政調会も、当時中川さん（故・中川昭一衆議院議員）が政調会長だったけど、いったんは了承した。さらに過去の法務大臣にも意見を聞いて、高村さん（高村正彦衆議院議員）もオッケーした。どう考えても通らないわけがないと思っていたね。そもそもがまったく不合理な法律だから、不合理なまま存続させるのはよくない。みんなもそういう意見だった。

それが、その当時の大物閣僚が若手を集めて勉強会をやったという話が聞こえてきて。そこに出ていた議員がこれまで顔を出したことなどない法務部会兼ＰＴにやってきて、一気に反対意見をまくしたてたんだ。すると、あれよあれよという間に、流れが変わった。まず次のＰＴも部会もまったく開けなくなってね。代わりに法務省から突然出てきたのが、例の『民事局長通達』だからね」

当事を思い出すように目線を遠くにやると、早川氏は言った。

「役人は本当にうまいんだよ。何かに反対であっても、全面的にダメということにはしないんだよ。ちょっと前進させたかのように見せて、結局は自分たちの思うように持っていく」

民事局長通達では無戸籍問題のうち、いわゆる「離婚後懐胎」に関してのみ、特例を認めたわけだ。

民法７７２条がこの「離婚後懐胎」にも制限をかけている部分については、私が当事者だったときに、子どもの父の認知とは別に裁判を起こしている。国と芦屋市を相手取った裁判の中で「憲法違反」を問うたのである。

法的離婚後に懐胎した子を、国家が「前夫の子」として推定するということは、離婚後一定の期間、離婚した妻は前夫と性交渉があると「推定」しているということにほかならない。つまり離婚した女性は離婚後も前夫の性的拘束下にある、ということだ。

女性に対してこれ以上の人権侵害はないだろう。

とはいえ、当事の私の裁判は「憲法違反とはいえない」と負けてしまったのだが、どう考えてもこの部分には理がないと思ったのか、法務省はこの民法改正が頓挫したタイミングで、本当にしれっと、昨日までは離婚後懐胎であったとしても「前夫の子」と言っていたにもかかわらず、同じ状況で生まれた子を「前夫の子ではない」とする、これまでと１８０度違うルールを持ち出したのだ。

「法的離婚後に懐胎したことを証明する医師の作成した証明書を添付すれば、『父』を決める調停・裁判を経ずとも、役所の窓口で出生届を受理する」という。

「法務省も元はこんな小手先ではない、法改正の案を持っていた。PTの案もそれを元にしていたし、各方面も賛成していた。まさに改正目前だった。それを『つぶすテクニック』を持っていた政治家が、たまたまそのときその場所にいた、ということだ。それはもう、本当に巧みに仕込んでいたんだよ」

「つぶすテクニック」を持っていた政治家とは？　と聞くと、

「そりゃあ、当時、そこに一番影響力を持っていた……」

「長勢《ながせ》法務大臣ですね？」

早川氏は頷き、席を立って後ろの本棚から一冊の本を取り出した。

「忍び寄る危機」——早川氏のレポート

「ここに書いてあるかな？」

自身の著作だった。

早川氏は日々に起こる事象をブログに書いていた。『早川忠孝「先読み」ライブラリー　第1巻　ねじれの始まり２００７参院選』（ＰＨＰパブリッシング）として出版されている。そこには、「民法７７２条見直しプロジェクトチーム」の活動についても克明に書かれていた。

以下、引用させていただくとしよう。

《離婚後300日以内に出生した子の父親は誰？

「早川先生、仕事し過ぎですよ」。そんな声が役所筋から聞かれるようになった。仕事人間の私にとっては、まさに本望である。離婚後300日以内に出生した子どもについて、離婚後の夫の嫡出子と推定する、民法772条の見直しプロジェクトチームの座長として公表した早川＝大口試案が世間の注目を浴びている。

まさか朝日新聞の一面を飾るような大きなニュースになるとは、考えたこともなかった。（中略）公明党のプロジェクトチームが先に公表したが、自民党のプロジェクトチームが同様に検討を始めたということに、大きな意義を認めていただいたようだ。

今日の議論では、180日の待婚期間を100日に短縮することも検討すべし、との発言が続いた。マスコミ関係者からは、本当ですか、自民党内で反対が出ませんか、民法改正には消極的な幹部が多いんじゃないですか、などと、自民党のプロジェクトチームでの議論を半信半疑で受け止める声が上がったが、今の自民党が開明的で、特に若手は、過去の因習などにはおよそ捉《とら》われず、自由闊達《じゆうかったつ》に、より良い制度を構築することを目標に精力的に取り組んでいるのをご存じないらしい。（後略）（2007年3月20日）》

しかし、早くもこの4日後の3月24日のブログでは、氏が警戒心を抱《いだ》いている様子が見て取れる。

《衆議院法制局と法務省民事局の担当者を呼んで、民法772条の離婚後300日以内の出生子にかかる嫡出推定規定の見直しについての自民党プロジェクトチーム（PT）の提案を受けて、これを立法化するための法案要請の打ち合わせを行った。論点は2つ。戸籍法の特例に関する法律の具体的条文をどのようにするか、ということと、民法733条の女性の再婚を禁止する期間を現行の6ヶ月から100日に短縮する、との自民党PTの提案の取り扱いである。

長勢法務大臣が民法改正には消極的である、との新聞報道がなされているが、大臣は法制審議会の平成8年の答申を受けて法務省自体が民法の改正作業を進めてきた、ということについて、認識がないらしい。3月28日に与党PTが発足する運びとなっているが、法案作成までには紆余曲折《うよきよくせつ》がありそうだ。

しかし、女性だけに6ヶ月もの再婚禁止期間を設けている民法733条は、明らかに不合理である。女性に独立の権利行使が認められず、家長制度の下で親のいうままに結婚させられたり、三行半《みくだりはん》で夫から離縁されたりした明治時代の規定が今でもそのまま残っていることは問題である。離婚後に出生した子どもの身分を保障し、その子や母親の福祉を図るための嫡出推定規定および再婚禁止規定だが、今の時代には明らかにそぐわない。今のところ自民党ＰＴにおいて制度改正について反対の意見を展開するような議員は一人もいないが、マスコミによると、長勢大臣の他にも消極論を述べる議員もいるとのことである。論理の面で我々ＰＴの意見を覆すことは、たとえ法務大臣であっても至難の業だと思うが、自民党の有力議員から感情的に反発されては厄介である。丁寧に、かつ、周到に法案作成を進めていかなければ、と思う。》

その3日後の3月27日の題は「忍び寄る危機」だ。

《森喜朗元総理の下で存分に自由な活動をさせていただき、また町村信孝現会長の下でも何らの気兼ねなく、思いどおりの政治活動をさせていただいているが、若干窮屈になってきた。》

そこから1週間は、この問題に対する書き込みはないが、その後再び記載が始まる。形勢が不利になっていく様は見出しを見ただけでわかる。

「議員立法の命運が決まる瞬間／明日政調会長と会談」（2007年4月4日）
「急展開／こんな風に政治は動く」（2007年4月6日）
「早川包囲網？／改革への抵抗勢力急浮上」（2007年4月7日）

そして事実上の敗北宣言とも取れる記述に至る。

「新しい目標獲得／政治家としての実力を養う必要を痛感」（2007年4月13日）

《離婚後300日以内の子どもの出生届の特例法を議員立法で実現するために、昼夜を問わないで努力してきたが、このあたりで事務作業を当面凍結しなければならなくなった。（中略）

予断を許さない。そして、ベテランの政治家は、あらゆる手段を駆使して、自分の主張を通そうとする。

見事というべきであるが、全く油断も隙も見せられない。（後略）》

長勢法務大臣の「法案つぶし」策

当時の法務大臣だった自民党のベテラン議員、長勢甚遠《じんえん》氏は、もともと夫婦別姓や再婚禁止期間短縮など、家族制度の改正に反対の立場だった。しかし、たまたま自身が法務大臣だったときに、無戸籍問題が浮上し、何らかの対応をしなければならなくなった。「民法７７２条見直しＰＴ」が、自分の主張と相《あい》容《い》れない案を出してくるとわかった瞬間から、大臣は自分に近い若手議員５人を集めて独自に勉強会を開催したという。

現職の法務大臣が、所属する政党のＰＴや部会で発言することはない。党の部会などは内閣に対して提言していくのが役割であって、大臣自ら意見を述べたものを、当の大臣が受けるというのはおかしな話だからである。

しかし、なんとか党の段階でつぶさなければこの法案を通さざるをえなくなる。政務調査会に上がる前、ＰＴ、部会の段階で猛反対しなければならない。その場で５人ぐらいが次々と意見を言ったら、「反対派が多い」との印象をつけられるだろう。

作戦は成功だった。法務部会兼ＰＴの出席者は15人あまり。賛成意見も出たが、それまでは会に出てきたこともない長勢陣営の５人がそろって出席し、次々に「反対意見」を述べた。発言は通常1回であるが、複数回述べる議員もいたという。

稲田朋美衆議院議員、西川京子衆議院議員、古屋圭司衆議院議員などいずれも長勢勉強会でインプットしたことをそのまま発言しているかのようだったそうだ。

一方、賛成派には後藤田正純衆議院議員などがいた。後藤田議員は後援者に無戸籍児がいたため、この問題にも理解を示し、私が相談に行くと、親身に応じてくれていた。

後藤田議員は、後にこう述べている。

「賛成派はすっかり通ると思い込んでいた。だから、自分が出席しなくとも大丈夫だと踏んで欠席した議員も多くいた」

こうして、ほんの数人の意見が大きな影響を及ぼし、離婚後の妊娠が明らかな場合や、再婚後出産した子どもに対してDNA鑑定書の提出を条件に調停・裁判を経ずとも出生届を出すことができるとした「離婚後300日関連新法案」はお蔵入りになってしまったのだった。

富山へ

早川氏から当時の事情を聞いた直後の2015年春、私は富山県富山市郊外の、古風な趣のある邸宅の前にいた。

立派な門構えには「ながせ甚遠」と書かれている。あの、民法改正をはばんだ、いや、立場を変えてみれば押しとどめた功労者ともいえる、当時の法務大臣の自宅だ。

事前に東京から電話をしたが、法改正については「知らない」「党PTの件は自分は関係ない」と言うばかりでアポイントメントは取れなかった。

しかし、どうしても聞いてみたかった。本当に「知らない」「自分は関係ない」と思っているのだろうか。

こうなったら「直撃」しかないと、私は長勢氏の自宅を訪ねたのだ。

恐る恐る玄関先の呼び鈴を押す。

「はーい」

チャイムの音が鳴ると、待ってましたとばかりに女性の声がする。躊躇していると、さらに声がした。

「どうぞお入りくださーい」

「入って、入って」

女性の声に、男性の声が交じる。長勢氏の声だ！

「失礼します」

そう言いながら戸を開けると、そこには正座し三つ指をついて客を出迎える夫人の姿と、その後ろに立つ長勢氏がいた。

二人とも私の姿を見てきょとんとしている。

「どちらさまで？」

「突然で恐縮です。あの、私、無戸籍の問題をやっている井戸と申しますが」

「え？　なんの御用ですか？　今、来客中ですから」

彼らは間もなく来るはずのほかの客を待っていたのだろう。客は客でも私は「招かれざる客」である。

「はい。本当に恐縮です。でも、２００７年に無戸籍問題で民事局長通達を出されたときのお話をうかがいたくて。５分でもいいんです。お時間をいただけたらと思って」

「もう、引退しているからねえ、その頃のことは覚えていないんだ」

長勢氏が言う。

「突然、というのは……。アポイントを取っていただけたらよかったのに……」

夫人は強い疑いのまなざしを向ける。

「一度お電話して、お約束を取ろうとは思ったのですが、難しそうでしたので」

長勢氏はそれを聞き流して、「今、お客さんだから」と言い残して、すっと家の奥に入ってしまった。

残った夫人が、盾になったように、こちらに向き直る。

「で、何をお聞きになりたいのですか。無国籍？」

「無戸籍です。大臣が在任中に行った政策の決定過程を知りたいんです。今、それについて書いていていて……」

「ですから、今日は来客なので」

「今日の夜でも、明日の朝でも改めておうかがいできないでしょうか。今日は富山に泊まりますから。5分でも10分でもいいので」

私はさらに押した。政治家をしていると、多少強引と思っても攻めることができるようになってしまう。

「それはあなたの都合でしょ？　あなたの事情でしょ？　それはこちらの予定ではないから」

その通りだった。長勢氏側には私に会い、話をしなければならない必然性など何もないのだ。

「そもそもあなたはどなたなの？　どんなところの人なの？　所属している団体は？」

物腰は柔らかいけれど、質問内容は鋭い。

夫人からは「夫を守るために矢面に立ってきた人」の防衛本能を感じる。私自身がそうだったから、よくわかる。

「これが私の連絡先です」

私は名刺を出した。

「ともかく、お引き取りください」

夫人は繰り返す。

「改めて、夜に電話してもよろしいですか？」

「じゃあ、そうしてください」

そうとでも言わないと帰らないと思ったのか、夜に電話することを約束する。

「でも、何かお聞きになりたいといっても、すべて『忘れた』と言ったらそれまでですよね」

夫人は、困惑した顔に小さく笑みを浮かべた。

――「忘れた」と言えばそれまでのこと……。

この夫妻は過去のスキャンダルもそうやって切り抜けてきたに違いない。

大臣として務めた第一次安倍政権では、ほかの大臣とともに長勢氏も公私ともどもスキャンダル対応に追われた。それだけに、さすがにガードは堅い。

もはや、長勢氏と接触することは無理だろうと思った。万が一、面談がかなったとしても「忘れた」という回答では意味がない。

はるばる富山まで来たけれど、「無駄足」だったかな、という気持ちが胸をよぎった。

ホテルに戻り、気持ちを立て直す。

せっかくだから、富山の名物でも食べてみよう。ホタルイカや白えび、鱒寿司《ますずし》。富山には新鮮でおいしいものがたくさんある。

ほかでは食べられない地元の食材を口にしながら、私はこれまで出会ってきた幾人かの大物政治家のことを思い出していた。

彼らが長勢氏の立場だったらどうするだろうか？

突然、東京からやってきた客。

得体が知れないが、どこの誰かということぐらいは知りたい。

物を書いていると言っていたが、下手なことは書かれたくない。

老獪《ろうかい》な政治家であるならば、それらを全部含んだ上で「上がって、お茶でも飲んでいって」と言うに違いなかった。言葉は悪いが「敵を手なずける」ことも大物政治家にとって必要なことだ。

長勢氏も、幾多のライバルを退けて、一度は大臣の椅子に座った政治家である。そこに細々とではあるが、望みをつないだ。

しかし、夜、改めて電話をしたときにも夫人の硬い口調は変わらなかった。

「今夜は野上先生と田畑先生の会合に出ておりますの」

富山県選出の参議院議員と衆議院議員の名前を挙げた。

「明日の予定も、今日は帰りが遅いと思うのでわかりません」

「では明日、ちょっと早いですが7時半に電話してもいいですか？」

私は明朝の、居留守を使いづらい時間帯をあげて食い下がった。

「まあ、はい。ええ、どうぞ」

夫人は渋々答えた。

アリの一穴

「いやいや、昨日は碁の仲間が来ていてね」

翌朝9時、私は長勢邸にいた。

朝一番の電話に今度は代わって出た長勢氏は、「しかし、ずいぶん熱心だね」と言って、家に来ることを承諾したのだった。思った通り、「大臣経験者」の対応をしてくれた。


その態度は堂々として、こちらをいぶかる様子は微塵《みじん》もない。

最初のうちは、「親がいない子は、親が載っていない戸籍に名前が入るの？」とか、「出産した子どもの父親と結婚したら、その子は自動的に戸籍ができるのか？」など、長勢氏からいくつか質問を受ける形になった。まるで「大臣レク」のようだ。

長勢氏がひと通りの確認をしたあとで、こちらも早速質問をする。

長勢氏の主張は以前と変わらず、「大臣だったから、自民党ＰＴについてはあずかり知らぬ」の一点張りだった。早川氏の言っていた「５人の勉強会」についても同様だ。

「５人？　５人て誰よ？　稲田に……西川？……西川って誰だっけ？」

「福岡の、西川京子衆議院議員です」

私が答える。

「ああ、西川京子、ね。そりゃ、みんな考え方は右寄りというか、向いている方向は一緒だから、飯を食ったりはあったかもしれないけど、５人を呼んで勉強会？　覚えていないな」

「その方たちに先生のお考えをお伝えして……ということも、なかったのでしょうか？」

「だからね、オレはその立場にはないんだよ。大臣っていうのは役所側だからね。党は党だから、その方針に対してオレがどうこう言うことはできないからね。５人？　ホントに？　勉強会？　そんなのあったかな。覚えてないなあ」

とぼけているのか、本当に忘れたのか。ただ、完全な否定もしなかった。

「先生は党のことには口出しできないから、それで若手の５人を使って法改正をつぶすよう仕組んだ、と聞いてますけど、違いますか？」

「うーん、わからないな。オレはね、ともかく無戸籍の人がいるということに驚いたんだよ。そんな人たちがいるんだって。何人ぐらいいるのよ？　1万人？　それはもうそういうことなら救わないといけないよ」

「国としても、戸籍のない人たちを把握していないのは、安全保障の上でも問題ですよね？」

ウヨクゴコロをくすぐる言葉も挟んでみる。

「そう。まあ、前の夫が協力しなくて離婚ができないケースとか、かわいそうなのは救わなくちゃいけないとは当時から思ってたよ。ただ……」

長勢氏は、少し声のトーンを変えた。

「そのかわいそうな無戸籍の人を使って、それを隠れ蓑《みの》にして自分たちの主張を通そうとするやつらがいるんだな。それは許してはいけない。その戦略に乗って法なんか変えてしまったらそれこそ『アリの一穴』っていうのか、やつらの思う通りになって、どんどんひどくなるからね」

誰のことを指しているのだろう？　そこまで警戒するなんて、と思いながら、興味深く話の先を聞いた。

「そういうやつはたいてい、『権利』ということを言うんだよ。『人権』だって。『憲法違反』だって。とんでもない。『憲法』なんかよりずっと大事なことはあるんだ、そうだろ？」

「そうだろ？」と振られても、とても賛同できず、困った私は話題のベクトルを変える。

大臣の「一線」

「『憲法』といえば、先生が反対している『夫婦別姓』『再婚禁止期間』の規定について、秋にも最高裁で違憲かどうかの判断が出ますけど、これについてはどういうご意見ですか？」

「だからさ、裁判ったって人がやることだから、間違うこともあるわけよ。そもそも法律も憲法も絶対じゃないんだから。

たとえば婚外子の相続分の2分の1ね。あの法律を改正してよくなる人もいるけど、それによって悪くなる人もいるわけでしょ。今までは（非嫡出子の相続分は、嫡出子の）半分でよかったのに、同じ額だけやらないといけなくなるからさ、その分、自分の取り分は少なくなる人が出てくる。そういう人たちのことも考えなければならないのよ。

無戸籍で本当にかわいそうな人は救おうと思ったんだよ。でも不貞だのなんだので、親が悪いのにさ、その場合まで悪いのは国、となるのはおかしい。まずはその責任は親にある。その親が罰を受けないのに、その子どもを救ってしまうと、蔓延《まんえん》する可能性があるからな、無責任な親が。そこまで救ってしまうと、際限なくなるから。どっかで線を引かなくちゃならない」

解けた謎

反論したいがその気持ちを抑えて、別の角度から球を投げてみる。

「先生にとってのその一線が懐胎が離婚後かどうか、なんですね。それが2007年5月の民事局長通達になった。法的離婚後に懐胎したという医師の証明書があれば、それを添付することで、前夫の子としての嫡出推定を外す、という」

「そうそう」

「そもそもこれを出すと言ったのは法務省側からですよね?」

「いやいや、あれね、あれはオレが書いたんだよ、文章も」

「え? 法務省の役人ではなく? 長勢先生ご自身が?」

「いや、オレ。産婦人科医会ともオレが直接やり取りした。オレはほら、厚労族だから。医師会ともパイプがあるから」

長勢氏は東京大学卒業後、労働省に入り、約25年間勤めている。

「そうか、先生は官僚だったんですものね。通達などもお手の物ですよね」

長勢氏は大きく頷いた。

「法務省は何か言いましたか?」

「いや、ひと言も言わなかった。党のPTの案だって、省内では一度も議論したことはないし、そもそも話題にすらならなかった。党は党。法務省の中で話す必然性はなかったから」

「民事局長も通達の文言《もんごん》に何も言わなかったんですか？」

「言わなかったね」

「自分が出す通達なのに？」

「言わなかったね。あのときの民事局長は確か、寺田だった」

寺田……、寺田逸郎氏。

寺田氏といえば、今の最高裁判所長官だ。

そして2015年秋に、「再婚禁止期間」と「夫婦別姓」の違憲判断を行うことを決めたその人である。寺田氏は家族法について「改革派」として知られている。

私の中で欠けていたパズルのピースがはまった。

寺田氏がこの通達の内容に満足するはずがない。その意味では「言わなかった」のではなく、大臣のやることに異を唱えることが「できなかった」のだろう。

寺田氏は民事局長という官僚機関のトップの一つに就いても、結局は自分の思いを遂げることができなかった。しかし、彼は今、最高裁長官と立場を変え、「公平な社会の実現」を遂げようとしている。

少なくとも私はそう理解した。

そして2015年12月16日、最高裁大法廷は、それに判断を下す。

弁護士は喧嘩が下手

「あんたは弁護士？　法曹資格を持ってるの？」

突然、長勢氏は聞いてきた。

「いえ、持っていません」

「じゃあ、わかるだろう？」と言って続けた。

「法曹資格を持っている政治家は、何かあるとすぐに知識を持ち出して理屈をこねる。そりゃ、資格を持っているやつにはそのへんはかなわないわな。で、こっちがわからないと思って議論をするだろう。実際、細かいところはわからないし、弁護士以外は法務部会に行くと居心地が悪いんだよ。だから誰も行かなくなる。そもそも票にも銭にもならない分野だからな。変わったもんが集まって、ほかのやつらは入り込めないうちにいろいろ決まっていくんだよ」

自民党だけではない。民主党にも弁護士出身者は多く、似たような傾向があるので、彼の言わんとするところはわからないでもなかった。

しかし、長勢氏は法務大臣や法務副大臣、自民党の法務部会の役職を歴任している。

「回ってきたから仕方なくやったけどさ。そもそも、法務省も法務部会に集まる弁護士の政治家たちも『喧嘩の仕方』を知らないんだよ、大蔵省との」

早川氏が長勢氏を評して「喧嘩上手である」と書いていたことを思い出した。

「弁護士資格を持ったやつは内輪の中だけは強いんだけど、予算の取り方を知らない。政治家の喧嘩は予算が取れるかどうか。やつらはまっとうすぎるというか。だから、裁判員制度導入のときは、党の小委員会（司法制度調査会の「裁判員制度と国民の司法参加のあり方に関する小委員会」）の委員長として、公明党の漆原（良夫衆議院議員）さんと一緒にずいぶんとやったよ。あとは入管関連ね。そういう意味ではオレは法務省にはかなりの予算をつけて、相当な貢献をしたと思うよ」

長勢氏は胸を張った。

無戸籍者を救う知恵

私が聞きたい本題と少しずれてしまったので、話をやや強引に無戸籍問題に戻す。

「大臣が引いた救済の線は、大臣の理屈としてはわかるんですが、それ以外にもさまざまな無戸籍の例はあって……」

離婚後だけではなく、離婚前に懐胎したケースだとしても、その違いで子どもが苦しむのは不当だ。

「いやね、離婚後の人だけでなくても、それは、前の夫が離婚してくれないとか、やむにやまれぬかわいそうな人がいるのは知っていたよ。でも、その人たちをどうやって救うか、そのときは知恵がなかったんだな。正直言って方策が考えつかなかった」

「知恵があったら、その人たちを救えていたと？」

「それはもちろん。無戸籍なんてことはあってはならないでしょう」

「その知恵は……」


私が質問をしかけたとき、長勢氏が後ろを向いて夫人に声をかけた。

「いろいろしゃべらされて、喉が渇いた。お茶を頼む」

リビングの奥の台所では来客の準備か、トントンといい音を立てて夫人が食事の仕込みをしていた。

「あらあら、しゃべりすぎていないかしら？」

最初に出してくれたコーヒーに替えて、日本茶を持って夫人が入ってきた。

話の内容を聞いて、スキャンダルを追及したり、糾弾するものではないと安心したのか、夫人の表情も言葉も前日とは打って変わって穏やかだった。元大臣も満足げに話す。

「今は毎日たっぷり時間があるから、碁と麻雀《マージャン》と、あと文章を書くぐらい。しかしね、毎日楽しいのよ」

富山自慢に始まり、日々の穏やかな暮らしを語る口調からは、まさに悠々自適な生活がうかがえた。その間に、「海外旅行などしたくない。富山が一番素晴らしいから」「〇〇人が観光に来ると荒らされる」「観光なんてストリップ。そんなものはいらない。本当に大事なものは、人には見せないものだ」と、持論ものぞかせる。

と、私に向き直った。

「今、仲間で文集を作っているんだがね、周りは右寄りの人ばかりだから、どうも同じような話になっちゃうんだよ。左巻きの人の文章もたまにはいいかもしれんな。そのうち書いてもらうよ」

と私への「原稿依頼」まで飛び出す。「左巻き」という言葉には苦笑させられた。

だが右の人ばかり集まって意見を交わしていてもダメだと彼も思っている。そこに「希望の芽」はあるのではないかと思った。

接点を求めて

帰路、北陸新幹線に乗りながら長勢氏が自身の文章をまとめたエッセイ、『甚遠のおもしろ草子』を開く。

本人に会う前に読んだときには響かなかったところ、気づかなかったところに目がいく。

1943年生まれの長勢氏は、終戦前に生まれたが、ほぼ戦後の教育を受けて育ってきた。しかし、一方では農業を営む曽祖父・祖父から長男としての期待を受け、「家」を守ることを使命として叩《たた》き込まれる。そういう場面が幾度も出てくる。

なるほどなあ、と思う。

戦後、どの家庭も「家」という縛りがなくなり「民主化」されたはず、と思っていたが、実はその速度や浸透度には、地域や家族で大きな差がある。

民法では否定された「家制度」的価値観が残る家庭で育つ子どもは、意外に多かったのだろう。そうした家庭で育った場合には、それ以外の価値観を持つことが難しい。

「伝統的家族」の存続を主張し、自らの在任中はその説を曲げずに法改正もギリギリのところで止めたことは、長勢氏にとっては「伝統的家族」の「長男」としての責任の取り方の一つだったのかもしれない。

そして、たぶん、そんな長勢氏の目から見れば「伝統的家族」観とは相容れない、「夫婦別姓」導入や「再婚禁止規定」廃止を訴える私も、この国の形を壊す極悪人の一人ということになろう。

しかし、私とて日本を壊そうなどと考えているはずもない。

むしろこのまま無戸籍問題に決着をつけなければ、不平等な規定を法律に残し、歪《ゆが》んだ形が定着する。そのことで弱くなるのは、この国の生きる基盤だと私は思う。そして訪れるのは、より不安定な社会だ。

そうした社会のひずみを身をもって受け止めているのが、たとえば今の無戸籍者たちだ。貧困に苦しむシングルマザーや子ども、差別を受ける立場の人たちも、同様だろう。追い込まれた彼らは、すでにトラブルと隣り合わせの生活をしている。

今、まさに問題視されている「所在不明児」や「虐待」「いじめ」「少年事件」など子どもをめぐるさまざまな事件にも、こうしたことが横串となっていると私は思う。

長勢氏にも「無戸籍の子はかわいそう。かわいそうな子は救わなくてはならない」という思いは間違いなくある。ただ、そこで私と違うのは、「親が無責任な場合は、子どもが無戸籍で不自由であっても仕方ない」「子どもを救う前に、無責任な親には懲罰的な制度が必要」と考えているところだ。

「義務を果たさない・果たせない親に懲罰を」と言っている限り、子どもの問題はなくならない。子どもたちは救われない。それは13年間の支援活動で痛感していることだ。

むしろ責任を取ることが難しい親のもとに生まれたからこそ、その子たちに、より早く、より手厚い保護を施さなくては、と私は思う。

意見は違う。それははっきりしている。
しかし、まったく接点がないかというとそうでもないのだ。
長勢邸を辞するとき、長勢氏ともっと話してみたいと思う自分が意外でもあった。
それは、この旅が「無駄足」ではなかったことの証明のようにも思えた。

私が政治家になった理由

今思えば、２００７年に法改正ができなかったのは痛恨の極みである。ここで無戸籍問題の解決への歩みは止まってしまい、新たな無戸籍者が生み出されていくこととなったのだ。ではこの間、私自身は何をしていたのか。時間を巻き戻して、当初から今に至る、私自身の、政治の場での取り組みに触れてみたい。

「政治家の妻」として……

最初の結婚がうまくいかず、私が離婚したのは２００２年のことだ。

離婚して、最もうれしかったことの一つは、「政治」から離れられたことだった。

私は「政治家の妻」だった。

松下政経塾にいたといえば即、政治家志望と思われがちだが、そうでもない。私は自分で政治家になろうとは当時は思わず、そこで出会った政治家志望の男性と結婚したのだ。

当時、県議会議員であった夫の選挙を手伝い、名簿管理から印刷物の作製・発送、後援者との付き合い……。夫の落選中は、家庭教師や支援者の薬局でアルバイトをして、家計を支えた。結婚生活を送っていた10年弱の間、議会で質問する以外のことは何でもやった、と本当に思う。

それがどんなに窮屈な生活だったか。その後離婚し、政治家でない現夫と、子どもたちとでまったく知らない土地で暮らし始めたとき、私は初めて実感することになった。街に出ても、知り合いが誰一人いない。人目をはばかることもない。どこで何を買おうが、何を食べようが、自由だ。

前の結婚では、これらすべてに気を遣う生活をしていたのだ。一歩外に出たら誰に会うかわからない。会ったらすかさず、満面の笑顔で挨拶をしなければならない。あの店で買ったから、今度はこちらで買わなければいけない。「政治家の妻」として。公園で子ども同士が小さな諍いを起こして相手を泣かせたりしたら、どれだけ肝を冷やしたことか。

政治家も、その家族も、頭の隅にはいつも「票」がある、と言っても過言ではない。だから、それに即した行動をとる。

何かの拍子に信頼を失ってしまえば、二度と当選できないかもしれないという恐怖があるからだ。

一方で有権者のほうも「政治関係者」であることがわかると、すかさず「見えない一線」を引く。

「政治家だからね。どうせ票のためでしょ？」

そんな声なき声が聞こえてくる。

そんな日々に私は知らず知らずのうちに疲れ果てていた。

政治の世界から足を洗った私は、新しい土地で息を吹き返したように、のびのびと暮らし始めていた。

それでも私は「議員」になった

にもかかわらず、私は政治の世界に舞い戻った。

「妻」の立場としてではなく、自ら「議員」として。

やむにやまれぬ事情を抱えて。

「無戸籍で生きる人々がいる」という理不尽な現実を、社会に訴えたい。法改正を実現し、彼らの権利を取り戻したいという、その一心から。

無戸籍者の存在はあまりにも世に認知されていない。声を上げる人がどうしても必要だ。しかし声を上げるにしても、そこに何らかの「肩書」がないと誰も相手にしてくれない。

実績を積み、共感する仲間を集め、いい意味で行政や官僚に「圧力」をかけられる存在にまでならないことには、何一つ前には進まないのだ。

無戸籍だけではない。この運動を続けるうちに、私には取り組まなくてはならないさまざまな問題が見えてきた。

それは、大きく言えばすべて「人権」につながるものだった。ほとんどの人が空気のように享受している人としての権利を、何かの事情で奪われ、侵害され、困っている人がいる。そんな状況を正すには、そうした状態に影響力を持つ政策決定の場にいるべきではないのかという思いは日に日に強まった。

だから、私は政治家として立つことにした。

世間からバリアを張られ、会ったこともない人から陰口を叩かれる生活に戻ることにはもちろん躊躇もあった。夫や子どもたちに迷惑をかけることも必至だった。

しかし、その不都合を引き受けても、曲がりなりにも政治家となれば、行政や官僚が無視できない「とりあえずの立場」を得ることができる。

政治家が無視できない存在なのは、「尊敬されて」ではない。むしろ「疎《うと》ましいから」だ。ある程度きちんと対応しないと「面倒くさい」相手なのだと思われる。

そもそもよって立つところがない私にとっては、それで十分だった。

私は、直近の2003年の兵庫県議会議員選挙に挑戦した。が、この最初の選挙では落選した。選挙はそう甘いものではない。しかし、いくつかの偶然が重なった後、2年後の再選挙（補選のようなもの）によって私は「兵庫県議会議員」になった。

２０１４年に「号泣議員」で世界的な脚光を浴びてしまった、あの「兵庫県議会議員」だ。実際、その中にいて「これが政治の常識か」と目を疑うシーンは、当時もいくらでもあった。

ため息をつきながらではあるが、とりあえず私はプレーヤーの一人として、政策決定の場に参画することとなった。

体調の異変に襲われる

県議会議員の最初の任期2年（補選のため短かった）が順調に過ぎ、次の選挙に向け、いよいよ準備を始めなければならないという２００６年の秋口、少し前に受けていた健康診断の結果が届いた。

要再検査。子宮頸《しきゅうけい》がんの疑いだった。

続く精密検査で、診断は確定。確実な治療のためには、手術を受ける必要があると言われてしまう。思いもしなかった深刻な病の宣告に、目の前が暗くなるような思いがした。

議員生活や、無戸籍問題の支援活動への影響も考えた。もちろん、時間的・物理的な損失は大きい。さらに、この病気に対する根強い偏見を考えると、ますます悲しい思いになった。

子宮頸がんはウイルスで起こり、性交渉によって感染するといわれている。そのため一般に、男女とも、性交渉の人数が多ければ多いほどウイルス保持者になるリスクは高まるともいわれるが、たった一度の性交だとしても、感染の可能性はある。しかし、この病気になった女性は、「性交渉の経験が多いのだろう」などという誤解に基づく偏見にさらされやすいのだ。

無戸籍問題の活動を始めてから、インターネットの掲示板では私に対するいわれのないバッシングが起こっていた。女性に対して、一番簡単で悪質なバッシングは、こうした偏見を根拠もなくまき散らすことだ、と身をもって感じていた私には、そこでどう語られるか、容易に想像がついた。ただでさえ深刻な病気になったというのに、さらに余計なストレスがのしかかっていた。

またすでに5人の子どもがいたとしても、子宮を取るということは、やはり女性としてつらいことだ。

そもそもそこまで進行していたなんて、思いもよらなかった。

私が手術を受けたのは2007年4月。ちょうど新聞などで無戸籍問題がクローズアップされた直後のことだった。報道の効果もあって、麻酔がさめるかさめないかのときでさえ、ひっきりなしに相談の電話がかかってきた。

個室ではあったけれど、音が外に漏れぬよう精いっぱいの小声で、何件も相談を受けた。傷の痛みで朦朧《もうろう》としながらも、努めて普段と同じように応対した。新聞記者からも毎日のように電話がかかってきた。

まさか私が術後に、病室で電話を受けていると気づいた人はいないだろう。相談してくる人たちは「自分が一番大変なのだ」という思いで電話をかけてくる。その気持ちが私には痛いほどわかっていたから、自分のことにかまってなどいられなかったのだ。

ちょうどその頃、国会でも、無戸籍者についての議論が進み始めていた。前述の自民党で「民法７７２条」の見直しをテーマとするプロジェクトチームが立ち上がったのもこのときだ。

私はその様子を、遠くから眺めることしかできなかった。

鳩山法務大臣との面談

先のような経緯の果てに、結局、民法７７２条の抜本的改正は見送られた。

手術後間もない中でこのニュースを聞いた私は、この国の民法を取り巻く壁の厚さを思い知って、暗澹《あんたん》とした。

1カ月後の5月、内閣改造が行われ、長勢氏は法務大臣の職を辞し、引き継いだのは鳩山邦夫氏だった。

民法改正に至らなかったとはいえ、無戸籍問題についてこの年には少なからずの進展があった。それは政権与党であった公明党の強力なバックアップがあったからだ。特に弁護士でもある大口義徳衆議院議員は熱心で、最高裁への聞き取りや法務省への働きかけも積極的にやってくれた。

その公明党へとつないでくれたのは、主に別姓問題を中心に活動する「mネット・民法改正情報ネットワーク」の坂本洋子氏だった。

大臣が替わってまもなくの5月20日、私たち「民法772条による無戸籍児家族の会」と法務大臣との面談が行われることになった。

私は坂本氏とともに、無戸籍児とその親たちを連れて法務大臣室へと向かった。法務省の建物内に入るのは、民事局長に直談判《じかだんぱん》したあのとき以来のことだ。いつ来ても暗い。このときはまだ震災前で節電を意識するような頃ではなかったが、人権を守る館《やかた》にしては無味乾燥すぎるような印象だ。

控え室で待っていたのは公明党の国会議員たちだった。大口議員のほか、浜四津《はまよつ》敏子参議院議員がいた。浜四津氏の華やかな色のジャケットは当事者たちの緊張感をほぐし、明るい気持ちにさせてくれた。

午前10時半、大臣室に通される。たくさんの取材陣がカメラを構えていた。シャッター音が鳴り響く中、鳩山法務大臣に「民法772条による無戸籍児家族の会」からの要望書が手渡された。

鳩山大臣は要望書の内容を読んだあと、一人ひとりの事例を聞きながら、協議離婚というシステムの利点と欠点や、嫡出推定制度が推定なのにもかかわらず覆すのがあまりに難しいということについての質問を、自分で納得するように言葉に出していく。

今のDNA鑑定についても話は及ぶ。

「大臣、よくご存じで」

そう私が言うと、

「あ、だってね、僕は蝶《ちょう》の交配をしているからね」

蝶の交配と孵《ふ》化《か》を頭に浮かべれば、現行の民法で規定している「嫡出推定」の範囲が広すぎて、かからなくてもいい人々に負担を強《し》いている理不尽な部分が出ているのもわかる、というのだ。

「いや、こうしたことに詳しいといっても、僕の家庭でこういうことが想定されているってことではないからね」

時折、冗談も交えた面会は当初の予定だった30分をゆうに超え、倍の1時間以上にも及んだ。

たまたまこの日は兵庫県の27歳の無戸籍の女性が6月に出産を控え、2世代にわたり無戸籍になる可能性のあることがわかったばかりだった。

「何とか子どもたちを救済したい。無戸籍の連鎖を断ち切りたい」

出産を控えたその女性は今どんなに不安な気持ちを抱えているだろうと思うと、私の訴えにも力がこもる。

鳩山大臣は同席した子どもや赤ちゃんを見てにっこりと微笑んだあと、表情を改め、口元を引き締めてこう言った。

「問題の所在がどこにあるのか、皆さん一人ひとりのお話をうかがって、今日よくわかった。子どものことを第一に考え、この子たちを〝772条難民〟にしてはならない。優しく、優しく対処したい」

ほどなく、無戸籍者の母が産む子に対しての救済措置が発表された。

その女性の子どもが生まれた日のお昼のNHKニュースのトップでは、生まれたばかりのその子の映像が流れた。そして鳩山大臣が救済策を立て、子どもは無事戸籍に登録される見込みであることを伝えた。

野田聖子議員の約束

この後、無戸籍問題は報道も含め「ひと区切り」という雰囲気になった。

しかしその内容はまだ不十分だし、全面解決までは休むわけにはいかない、そう思っていた。

私はその後、これまでのやり方を修正しながら活動を続けた。

野田聖子衆議院議員にメールを送ったのも、その頃だった。

まったく面識もない、しかも他党の一県議の私が連絡しても、返事があるかどうかもわからなかったが、自民党でわかってくれそうな人は、ほかに思いつかなかった。

するとすぐさま返事が来た。

夏は城崎《きのさき》温泉にしばらく滞在しているから、日程を合わせてそこで会いましょう、ということだった。

神戸在住だった私に気を遣ってくださったと思うのだが、同じ兵庫県とはいっても、神戸から城崎温泉へは車でどんなに飛ばしても2時間半はかかる。永田町の議員会館に行くほうがまだ近いぐらいかもしれない。

温泉地に長期滞在とは優雅なことだと思ったが、実はそれは野田氏の「後援会旅行」

だった。野田氏の後援会は毎年、何グループかに分けて温泉旅行を行っている。野田氏本人は連日ホテルに滞在し、夕方になると到着した後援会員のお出迎えをし、夜は宴会。そして翌朝お見送りをしたら、次の一団が来るまでの間、普段は忙しくてできない読書や勉強をしたり、温泉でくつろぐことも含めて「充電」していて、その時間の一部を私にくれたのだった。

2時間、じっくり話を聞いてもらえた。結果として永田町で会わなくてよかったと思った。

無戸籍の問題を中心にしながら、当時は県議会議員だった私に女性議員としての活動についても示唆をもらうなど、広く話がはずんだ。

そして、無戸籍問題については、解決に向けて取り組むと約束してくれた。

それから時を経て、この2015年3月、野田聖子氏が会長、民主党の林久美子参議院議員が幹事長となって「無戸籍問題を考える議員連盟」がようやく誕生した。

その際の挨拶で野田氏は家族の会代表として出席していた私を指して、「井戸さんからもらった宿題の一つにようやく手をつけることができる」と語ってくれた。

城崎温泉に建つホテルに次々と打ちつける、日本海の波の音は、今でも耳に残っている。あの日の約束は生きていたのだ。

実らなかった私の民法改正

「無戸籍問題を考える議員連盟」はそもそも私が現職の衆議院議員だった当時、実現しようとしたものだった。しかし、なぜ、それができなかったのか。

民主党が与党になってすぐ、民主党の小沢一郎幹事長は党の政策調査会を廃止した。「陳情政治につながるから」との理由だった。すべての政策課題は党本部の幹事長室に一元化され、何からどう動くかはそこでの判断を仰ぐことになった。

従来であれば、議員たちは、政策調査会の中に設置される「部門会議」（通称・部会）と呼ばれる専門分野に分かれた会議で政策についての議論を行う。当選回数が少ない議員も、制約なしに自分の意見を述べ、党の方針にまとめていくための大事な機会である。

その政策調査会がなくなったのは、本当に「痛い」ことだった。

同時に、議員が自らの提案で政策を実現するために作る「議員連盟」も、休眠状態の場合は廃止を促され、また新規に作る場合は民主党議員のみとなり、超党派で作ることは禁止された。

私が扱っている家族法については、国民全体に関わるところでもあり、閣法と呼ばれる内閣が提出してくる法律案の形よりも、超党派の議員が関わって作り上げる議員立法でこそやるべき、というのが潮流だった。たとえばDV防止法や性同一性障がいに関する特例法もその扱いである。しかし、超党派議員連盟の禁止で、その道も断たれた。

もっとも例外はいくつかあった。たとえば肝炎対策基本法。これは超党派で成し遂げられた。

それは、政権交代で象徴的な存在となった福田衣里子《えりこ》衆議院議員の功績が大きかったと思う。

無戸籍の問題は、いかにも地味である。当事者は選挙権すら行使できない場合がほとんどだ。票にもお金にもならないので、だからこそ難しい。こうした人権の問題に取り組むのは信念を持ったごく少数の議員だけだということを、国会に行ってみてつくづく知った。

それでも、就任して間もなくの千葉景子法務大臣は、無戸籍問題への理解を示してくれた。

2010年1月、性同一性障がいで性別変更をした「元女性だった男性」の妻が産んだ子どもに対して、当事者との面談を経て、「父にはなれない」とする従来方針を見直すことを会見で発表した。しかし、なぜか間もなくこれを否定（その後、裁判で逆転勝訴）。

それには法務省の意図が働いたのではないかと思うが、もう一つの理由は、千葉大臣が導入に意欲を示していた「選択的夫婦別氏制度」と同じ経緯だったかもしれない。2010年3月には閣議決定を行うことを目指した同法案は、国民新党の強い反対で実現しなかった。

保守層を支持基盤とする同党は議員こそ少数だったが、民主党の連立相手として隠然たる影響力を持っていたのだ。

時は参議院選挙前。その参議院選挙で民主党は苦戦、ねじれ国会となり、その後はさらに思うような政権運営ができなくなっていった。

それでもあきらめるわけにはいかなかった。

私は党内で有志議員による「嫡出推定問題研究会」を立ち上げ、事務局長となった。会長には枝野幸男衆議院議員が就任。ほどなく枝野氏が行政刷新担当大臣となることになり、次いで後に法務大臣になる平岡秀夫衆議院議員が会長となった。

何度も会議を重ね、議論の末に改正案をまとめ、他党の議員への働きかけも行った。

親の因果

他党の、理解ある議員だけでなく、民法改正反対派へのアプローチも始めた。困窮する当事者の現状を説明し、なんとか接点を探したかったからだ。反対派であり、当時の自民党の法務部会を事実上牽引《けんいん》していた稲田朋美衆議院議員、柴山昌彦衆議院議員には、民主党の研究会で作った案を持って、それぞれ2回ずつ説明に行った。また「無戸籍問題議員連盟」を作りたいので役員に入ってほしいとのお願いもした。

しかし、なかなか議論は深まらなかった。

「僕は『親の因果が子に報い』ってあると思うんです」

柴山氏は言った。

私は聞こえないようにため息をつく。親が結婚に失敗したり、母が父からDV被害を受けていた場合、子どもが、なんらかの負荷を背負っても仕方ない、と彼は言っているのだ。

実は柴山氏からこの言葉を聞くのは初めてではなかった。議員会館内で行った無戸籍問題の勉強会の場でも当事者たちの前で同じことを発言していた。

親ががんばった結果、その恩恵を子どもが受けるというのはままある話だ。それを認めているのだから、「負の遺産」もあってしかるべきだというのが彼の説明だった。

表立っては口にしないものの、こういう考え方をする議員や弁護士は多い。稲田氏もそうだが、柴山氏も弁護士資格を持っている国会議員だ。

確かに、それぞれの生まれついた環境によって、正・負それぞれ親の影響があることは誰も否定できない。しかし、それを許容するにも一定の限度がある。無戸籍者たちのように、親の影響やあおりで、身分保障や教育を受ける機会さえも奪われてしまうようであれば、それは家族だけの問題ではすまない。法はそれを正すべきであって、無戸籍者を生むほうに働くとは、私には納得がいかない。

しかし、柴山氏は「制度論はわかるけれど、議論の論点はそこではない」というのだった。

「親が悪い」のだと。子が恨むべきは「国」でも「法律」でもなく、その法に則《のっと》って手続きを行わない「親」なのだという。しかし、そうして親を罰して子どもを救わないことが、子どもの人権を著しく侵害している、ということについての配慮はいくら聞いても出てこなかった。

一方の稲田氏は面談の最中、ほとんど自分から話すことはなかった。

私の持っていった民主党案には、

「子の懐胎時には、すでに前夫と事実上の離婚にあったことを母と事情を知る関係者の陳述書を添付した上で、母が公証役場で宣誓・署名」としていた。

「裁判所でなく、公証役場……。うーん」と言ったきり、ほかの言葉は語らなかった。いいとも悪いとも、稲田氏の意見は不明のままだった。

「公証役場」はその内容に虚偽が含まれないよう抑止する力にはなっても、裁判所のように中身を詳細に吟味し「判決」を下すことはできない。証言する母を疑う立場で見たら、公証役場での証言、宣誓・署名だけでは足りないと感じたのだろうか。「うーん」の中身はその違和感、危機感なのか。それも想像するしかなかった。

私にとってはむしろ柴山氏のようにはっきり自分の意見を言ってくれたほうがありがたかった。

さらに議論をしたいと、稲田氏に3回目を申し込んだが、忙しいと断られてしまった。その後、2010年に彼女は『私は日本を守りたい』(PHP研究所)という本を出した。

その中で、無戸籍問題について言及している。

「家族の崩壊を招く法案(2)——民法772条問題」。ちなみに(1)は「選択的夫婦別姓」だ。

見出しには、次のようなものが並んでいる。

「『無戸籍の子』ではなく『未届の子』が正しい呼称」
「民法は生物学的な父子関係を絶対視していない」
「具体的にかわいそうな事案の解決は司法の場で」

稲田氏によれば、稲田氏が民法７７２条改正に反対するのは「原則と例外を転換し、不貞行為を奨励する結果にもなりかねない」という理由からである。

そして「親子関係＝生物学的親子という考えを推し進めると、民法の法的親子制度は不要になってしまう」と稲田氏は危惧を表している。

しかし、私は反論したい。「嫡出推定」は、あくまで子どものために働く法律であるべきはずだ。

子どものために今の７７２条の規定を合理的なものに変えたとして、「不貞行為を奨励された」と思い、実際に不貞に走る人がどれほど出るというのだろうか。

また、ここで生物学的親子関係を否定しても、たとえば認知で父子関係を決める調停・裁判ではすでにＤＮＡが決め手となっている。

法的親子関係はさまざまな事情を加味しなければならないが、嫡出推定が重なったり、違うという場合についてはＤＮＡを使っても、民法の法的親子関係制度は不要にならないし、現在でもなっていない。

むしろＤＮＡを排除し、家族の平和を維持するという立場は、場合によっては不倫を助長させることにつながらないのかと、稲田氏には反論もしたくなる。

稲田氏が大事だと言っている「家族、ふるさと、わが祖国」。それにはまったく異議はない。ただそれは、寛容で多様な価値観に生きる人々と、それを保障する憲法と法律で守られるものだと私は思うのだが、どうだろうか？　ぜひ話をしてみたい思いにかられるが、その後、議論の機会はまだ訪れていない。

こうして努力を続け、野田聖子氏にも改めて相談に行った。しかし、当時は世論の追い風もなく、事態はなかなか進展しない。

そんななか、東日本大震災という非常事態に見舞われたこともあり、結局民法772条の改正は、時間切れとなってしまったのだ。

「離婚届を変えた『バカな』国会議員」

無戸籍の問題は行き詰まっていたが、私は国会議員として子どもの貧困問題や人権問題について少しでも効果的な政策を打ち出し、前進させようと努力していた。

質問の機会があれば、逃さず、現場の声を伝えてきたつもりだ。

「知ってます？　法務省が言ってたんですけど、バカな国会議員がいて、離婚届を変えようとしているって」

震災が起きて1カ月が過ぎた、2011年4月の終わりだった。

国会の議員会館には、常日頃から各議員の担当分野の新聞記者が出入りしているのだが、その日も法務省担当の新聞記者がふらりとやって来るなり、そんな話をし始めた。

「その議員って誰だか知っている？」

「いや、先週、委員会で質問があったらしいんですが、聞き漏らしていて。まあ、どんなにいい案でも、法務省があそこまで議員をコケにして、否定していたら、絶対無理でしょう。養育費のことらしいけど」

「『バカな国会議員』って言ってました？」

「はい。『バカな国会議員』だって」

「それ、私だわ」

「えっ！」

記者は絶句した。

バカと言われようと、なんと言われようと、この件はなんとしても通したい、通すべきだという強い思いがあった。日本では罰則もないためになかなか履行されない、離婚後の「養育費」の支払い。その問題を少しでも前に動かすために、私がひらめいたのが、この「届出用紙に養育費の取り決めについて行っているか否かを確認する欄を設けること」だったからだ。単に用紙にチェック欄を加えるだけだから、ほぼ予算もいらない。

国会議員としての私がしてきた仕事は、当然ながら無戸籍問題だけではない。県議会議員時代から私は、自分のミッションは「子どもの貧困対策」と「あらゆる差別の解消」であると定めて活動をしてきた。

不思議なのは、声高に「子どもの貧困対策」を叫ぶ議員たちも、彼らを育てるシングルマザーたちの置かれた経済的苦境、そしてその主たる原因の一つである「養育費不払い」問題についてはほとんど誰も取り組んでいないことだ。しかし、実際には離婚時に取り決めても、結局全体のたった17〜19％しか継続して払われていないことが、統計からも明らかになっている。

養育費自体がそもそも低く抑えられている。どんなに子どもが小さくても、月2万円程度で子どもを育てるのに十分という人はいないだろう。大きくなればなるほど教育費もかかってくる。しかも、裁判所が出している養育費の算定表も実態とはかけ離れているのだ。

現実には支払い義務者である元夫（＝父親）の8割以上は、満足に養育費を払っていない。彼らの多くは取り立てられることもなく支払いから逃げることが可能だ。

では、それでは足りない分をどう補っているかというと、生活保護だったり実家だったり。もちろん、最終的にはシングルマザー本人の肩に重くのしかかっているのである。

「それなら母親本人が父親から取り立てればいいじゃないか」と多くの人は言うが、実際は払う気もない前夫と交渉するのは困難だ。のらりくらりとかわされる、約束しても払わない。それでは時間の無駄、と母親たちはあきらめざるをえない。そもそもＤＶなどが理由で離婚した場合、交渉をすること自体、リスクもあるし、ストレスも大きいから、ほぼ不可能だ。

しかし、やはり現実的にはつらい。ここで紹介している無戸籍児の親たちにも見られるように、物心ともに疲弊していくシングルマザーたちは、だからこそせかされるように、あまり相手を吟味せずに再婚し、別の泥沼にはまっていくことも少なくないのだ。

生きるために、だ。

そうした悲劇の連鎖を避けるためにも、何らかの方策を打たなければならない。

今となっては評価の低い民主党政権ではあるが、当時、民法の一部改正を行い、虐待児の親に対して親権の停止を行うこと、また、この養育費そして面会交流については離婚時に取り決めをすることを法律事項として明記したことは、身内びいきではなく、子どもたちのためという視点から高く評価できる、と私は思っている。

つまりは離婚するときに養育費は毎月いくらと決め、面会交流も月何回会うかなどを決めなければ法律違反、と明文化されたのだ。

しかし、これも罰則規定がないがゆえに、なかなか浸透はしない。

だからこそ、誰もが目に触れるところで周知を図らねばならないと思ったのだ。

そこで思いついたのが「離婚届」だ。まさに今、離婚をしようとしている親こそが、このことを認識しなければならないのだから、そこにチェック欄を設ければいいのだ。

このアイデアは、以前、私が最初に法務省に乗り込んだ際、応対した民事局長が私見として「離婚後に生まれる子どもは自分の嫡出ではない、とするチェック欄を離婚届に設ければいい」と言ったところから来ている。

それにしても、私が「バカな国会議員」なら、当時の法務省の房村局長も同類ではなかろうか。それだけ罵倒したにもかかわらず、それから間もなく、法務省は離婚後の養育費の支払い率アップの目玉策として「離婚届にチェック欄を設けることにした」と発表したのだから驚きだ。そしてその欄には、取り決めをしたかしないかのチェック欄だけでなく、

「未成年の子がいる場合に、父母が離婚をするときは、面会交流や養育費の分担など子の監護に必要な事項についても父母の協議で定めることとされています。この場合には、子の利益を最も優先して考えなければならないこととされています」

との文言が入った。

「子の利益を最も優先して考えなければならない」

無味乾燥な離婚届に血の通った言葉が入ったことに、私はさらに驚き、感動を覚えた。

いつかまた仕事を

ほどなくして、私のところに法務省から来訪者があった。私が国会に行く前から、無

戸籍問題でさんざんやり合ってきた民事局の官僚だ。

彼にとって私は、さぞかし扱いにくい議員だっただろうと思う。特に、性同一性障がいで性別変更した元女性の男性が、法律婚をした後に精子提供で子どもを得た場合に、父親として届け出できるか否か、という件では、できるはずという私と、反対の主張をする彼とで、ときに声を荒らげて議論したものだった。

「こんにちは。このたび、裁判所に戻ります」

彼は最高裁からの出向で法務省に来ていた裁判官なのだ。

「井戸先生のおっしゃることは、僕も一父親としたらその通りだと思うこともたびたびでした。でも、法務行政全体からいくと、そうとも言えない。いろいろぶつかったけれども、ご理解いただけるとありがたいです。

最後の仕事として、離婚届を変えるお手伝いができたのは本当にうれしかったです」

その言葉を聞いて私は、はたと思い当たった。

「もしかして、あの一文？『子の利益を最も優先して』は……？」

「僕が入れました。いつか先生とまた仕事がしたいです。その日を楽しみにしています」

まさか、だった。思いもかけないこと、だった。

「私もあなたとまた一緒に仕事ができるようにがんばる。あ、でも最高裁に戻っちゃったら、私が訴訟して、あなたが裁判官で裁いてもらうぐらいしか一緒の仕事はできないかしら？」

そう言って笑った。

離婚届に判を押す夫婦は毎年23～25万組いる。つまりは46～50万人が見るという計算だ。

誰もが幸せになろうと思って結婚する。しかし、そうとばかりはいかないこともある。その際、子どもがいるならば考えてほしい。

「子の利益を最も優先して」を。

今、多くの人が記入しているこの離婚届には私と彼の思いが凝縮されている。

ハーグ条約とＬＧＢＴ――「人権」への思い

そのほかにも、離婚後の子の親権をめぐるハーグ条約や、当時は誰も手をつけなかったＬＧＢＴ（性的マイノリティ）に関しても国会議員在任中から取り組んでいた。いずれも、多数になりにくい、少数者の声を丁寧に聞いて生かすことが大切な問題だ。それぞれに、私なりの「人権」「平等」への思いに従って考え、行動した。

離婚後の子どもの親権をめぐっての争いが国をまたいだ場合の取り決めとして、先進各国から批准を求められていたハーグ条約は、特に扱いが難しかった。

「DV被害者」への配慮が国により違うなどの事情で、日本の法では保護されるべき子どもも、場合によっては「引き渡し」の対象になるなど問題が多い中、批准を迫られ、もう先延ばしできないところまで来ていた。であれば、妥当な理由がない限りは子どもを引き渡してはいけない、という例外規定をしっかり作っておかなければならない。

その視点で、当時できうる最善の策を検討し、結果として加盟国の中では最も厳しい返還拒否事由を国内法に設けているスイスと同様、いやそれ以上のものを作ることができた。また、在日米軍を抱え国際結婚が多い沖縄に配慮をするよう外務省に働きかけた。

もちろん、さらに議員として活動できたなら、進めたいことはまだまだあったし、今もそれがあるから、政治活動を続けている。この無戸籍問題を筆頭に、まだ解決されていない問題は山とある。

そう、まだまだあきらめるわけにはいかないのだ。

我妻榮《さかえ》の宿題——託された民法改正

国会図書館での「対話」

まるで高級レストランの給仕のように、職員の押すワゴンに載せられて私のもとに運ばれてきたのは、表紙が赤茶色に焼けた二冊の本だった。乾燥しすぎた紙は「あぶりだし」のような状態になっていて、インクの部分が浮いたり、削られたりして、表紙をめくるとページが背からはがれてしまいそうになる。

「お気をつけてお願いいたします。これ以外、ここにはないので……」

国会図書館の6階には国会議員が調べ物や勉強をするための個室がある。

パソコン、プリンターも完備。手ぶらで行っても、すぐに作業ができるようになっている。

この部屋は前議員、元議員も利用が可能で、図書館司書が必要な書類や書籍を検索してあっという間に持ってきてくれる「贅沢《ぜいたく》な空間」である。

国会議員には、ＪＲの無料パスほかの「特権」がいくつかあるのだが、落選したり引退して議席を失うと、当然ながらそれらはすぐさま返上しなければならない。

ただ、なぜか国会図書館利用の「優遇」だけはそのまま残る。そのココロは、「一度でも議事堂の中で働いた経験のある政治家は、一生を通じて政策研究を行い、その実践をすべし」

なのだろうと、私は勝手に解釈し、ありがたく使わせてもらっている。


今日、ここに来たのは、ある先人と対話をするためだ。

その人の名は、我妻榮。民法の大家。

大学で法学部に学んだ人なら、氏の名前を聞いたことのない人はいないだろう。山形県米沢《よねざわ》市出身の法学博士で、東大名誉教授。

第二次世界大戦敗戦後の憲法改正に伴う、民法大改正の立案担当者の一人である。

もちろん、会ったことはないが、実は、一人で始めた無戸籍者支援の活動を支えてくれたのは、ほかならぬこの我妻榮だと、私は勝手に思っている。

民法などまるでわからない私が、困り果ててネットでいろいろたどっていくと、最後にたどり着くのが、リベラルな視点に立つ我妻の法解釈だった。それは私の活動に大切な法的知識や根拠を、しばしば与えてくれた。また、支援の活動において彼の論文を「要望書」に引用すると、政治家や官僚たちも「納得せざるをえない」という表情になるのがわかった。

亡くなってすでに40年以上が経っているが、そうした折々に、いまだに「彼は生きている」と感じることがある。

そう書くと堅苦しいが、平たく言うと我妻は今の日本では当たり前の「好きな人との結婚の自由」や、「女性が個人として財産を持てること」などを日本社会にもたらした人、なのである。

終戦後、新たな憲法下で行われる民法改正のために貴族院議員、臨時法制調査会委員などの重責を担った我妻は、当時の議会・法学者の大勢が強く反対するのを押し切って、旧民法にあった「家制度」「戸主」「家督相続権」などを廃止する改正を行った。

当時、あまりの激しい反対に、我妻はやはり法学の大家である中川善之助とともに「これ以上反対をする声が出るなら委員を辞任する」と、自らの首をかけて闘い、改正を実現したという逸話があるくらいだ。ここで我妻があきらめていたら、今も家庭にはすべてを決める戸主が残り、婚姻の自由も、女性の財産権もなかったかもしれない。それほど大きな意味を持つ改革をやってのけたのである。

しかし、その改正の際に、民法772条は取り残された。離婚した女性が6カ月再婚できないと定めた733条も同様だ。民主的な家族のあり方を理解していたはずの我妻は、この二つを見落としたのか？　それとも？

それは我妻の著書に書いてあるのではないか。その著書と「対話」をしに、ここにやって来たのだ。

『家の制度　その倫理と法理』（酣燈社、1948年）
『新しい家の倫理』（学風書院、1952年）

運ばれてきた二冊は、いずれも60年以上前の我妻榮の著書だ。

壊れそうな『新しい家の倫理』のページを恐る恐るめくる。

《民法上の家は廃止されたが、氏は残った》

その文言が目に留まった。

思った通りだ。

ほとんどの日本人は「戦後、家制度は廃止された」と思い込んでいるが、「氏」が残っている以上、それは幻想である。我妻もそう認めている。

我妻は、戦後の大改正の中心にいながらも、保守派の反対もあってそこまでたどり着けずに「妥協した」。そのことに後悔を滲《にじ》ませているのだ。

明治民法制定時の大論争

我妻は『家の制度』の冒頭で、そもそも明治時代の民法制定時に起きた大論争に言及している。家族制度を民法に取り込むか否か、意見は分かれた。法作成のため招かれたフランス人・ボアソナードを中心に立案された民法案に対して起こった激烈な反対運動。その急先鋒《きゅうせんぽう》、穂積八束《やつか》の、有名な「民法出《い》デテ忠孝亡《ほろ》ブ」と題された小論とその前後の論文を引きながら、反対派の主張を整理している。

そこで語られている、民法制定反対派の主張はこうだ。

①家は祖先を崇拝し祖先の霊祀《れいし》を司《つかさど》る家長の下に、精神的結合をなす血族団体であり、家長を尊敬しつつその権力に服し、法律以外の秩序を保つものであるから、家を以《もっ》て我が国の社会構成の基礎となすべきである。

②その家の中心となり、祖先の神霊の体現者となるものは、家父すなわち男子でなければならない。
③家父の任務を全うさせるために家産を一括して長男子に相続させなければならない。
④「祖先教」を以て社会の秩序を正しくし、民族の宗家たる皇室を奉戴《ほうたい》して一国一家を構成する、忠孝一如《いちじょ》の国民精神の発露である。

「家族制度」は「国体」そのものであるのだ、とここには明確に表現されている（今も、民法改正に反対する保守派の議員らは、この明治の論争と酷似した表現を繰り返す）。天皇制の下、こうした主張はむしろ明治民法の主軸となった。近代的な法の中に封建制が残ったのだ。

この穂積の主張に「家族制度は封建の遺風なり」として、真っ向から反対したのは梅《うめ》謙次郎だ。後に法政大学初代総理（総長）となる梅は、経済的側面も鑑《かんが》みて、当時としては非常にラディカルな主張を展開した。

「各人の平等を認め、自由を確立しなければ、我が国の経済的発展も、社会的向上も望むことはできない。宜《よろ》しく戸主権を廃止して親権だけとなし、家督相続を廃止して財産の均分相続を認むべし」

明治時代半ば、すでにこのような議論が交わされていたことには驚かされる。これを紹介しながら我妻は、二人の大学者の論争に象徴されるように、民法における家族法は《一方からは「不当に家族制度を軽視する」と攻撃され、他方からは「舊套《きゅうとう》な家族制度に膠着《こうちゃく》する」と非難されてきた》と述べている。

その結果、民法・家族法は相反する主張の中で調整されて、矛盾を抱える内容となり、つまりは常に批判にさらされる「宿命的なもの」を背負わされている、と指摘しているのだ。その大論争に一つの答えを出したのが敗戦だった。

日本の「家族制度」を変えた人

しかし、我妻が手がけた戦後の民法改正に対しても、同様の二極から大きな議論が起こった。「家族制度を守るべし」という保守派には、その解体は我慢ならないものであり、さらに戦争に負けて憲法が「押しつけられた」「民法改正も押しつけだ」と抵抗して、その必要性を否定する主張も加わった。ここにも同じ「宿命」を感じる。

その「押しつけ論」に対して、我妻は貴族院での討論でこう反論する。

「それは明治維新後八十年、殊《こと》に、民法制定後五十年の歴史を知らない者であります」

穂積・梅の大論争にも見られるように、民法は制定以来、社会の動静に合わせながらも、より民主的により平等に改正していくべきという基本姿勢で、熱い議論を続けてきた。それを思えば、この改正は必然であり、押しつけなどと言うのはナンセンスだと論破したのだ。

同じ討論において、我妻は改正民法の要綱を紹介している。

彼はまず、「要綱を貫く最も大きな特色は男女の平等への努力であります」とし、その内容を説明した。

「努力」という言葉に一抹のひっかかりを覚えながらも、読み進める。

「妻の能力を拡張し、母の親権を父の親権に近づけ、夫にもある程度の貞操義務を認め、妻の相続権を強化せむとしております。第二に……」

これを見て改めて気づかされるが、ここに書かれていることは、我妻が行ったこの戦後の民法改正で初めて得られたものだ。逆に言えばそれまで民法上、これらは実現されていなかったということだ。

それまでは「妻は無能力」とされ、母の親権は父の親権に比べて圧倒的に弱く、夫には貞操義務はなく、妻の相続権は一般的には認められなかった。

ここに挙げたのは、この改正で行われたものの、ほんの一部だ。我妻は続いて第二、第三に戸主権や家督相続などの改正を挙げる。事実それまでの戸主を支配者とする家庭内の封建的制度や、そこに置かれた無力な「嫁」の存在、「家」に帰属する財産システムなど日本の旧・「家族制度」はすべて、ここから変わったのだ。

これらの改正を我妻は、
《明治以来の我が国の法律的な家族制度の変遷の流れに従ったもの》
だと、高らかにうたっている。
この討論からだけでも、我妻の行った戦後の民法改革が現在の私たちの生活に及ぼしたものがいかに大きかったか、また、この改革のハードルがいかに高く、それを越えるための我妻の信念がいかに強かったかが、改めてよくわかる。

変えられなかった二つの民法

しかし、結論を言うとこの本の中には、民法772条についての言及は見つからなかった。明治時代の制定当時は「子どもを守る」ために機能することが多かったこの法は、戦後間もなくの旧民法下の意識が強かった時代にも、同じ役割として必要であり、見直す必要がなかったのかもしれない。また先に書いたように当時、本当に困った人には、産婆さんに頼んで誕生日をずらす、という奥の手もあったから、今ほど多数の無戸籍者が生まれることもなかったのだ。

もう一つ、やはり明らかに差別的と思われる、離婚後の再婚禁止期間規定を定めた民法733条も、やはり当時から変わっていない。

民法第733条（再婚禁止期間）

1. 女は、前婚の解消又は取消しの日から六箇月を経過した後でなければ、再婚をすることができない。
2. 女が前婚の解消又は取消しの前から懐胎していた場合には、その出産の日から、前項の規定を適用しない。

この条文が作成されたのは、女性の離婚は「夫の家から離縁されて」のことだった時代。しかも妊娠判定など不可能だった頃の法。当時の感覚であれば、離縁された妻のお腹が6カ月後までに大きくならなければ、次の夫に嫁いでもよかろう、ということだったのだろう。

こちらもやはり、戦後の改正時は妊娠判定が不可能だったことが、残された理由だろうか。しかし、妊娠判定の心配は今の時代は不要だ。妊娠時期の特定も可能だし、妻も自分の意思で結婚、離婚を選択する。

驚くべきはこの第2項だ。「6箇月」規定には例外がある。離婚後出産・中絶した女性だ。「前夫の子」とされる場合には、出産・中絶したその日から、離婚の罰から「無罪放免」となり結婚できる。しかし、別の男性の子の場合、もしくは妊娠していない場合、「刑期」は続くのだ。また医学的に「妊娠していない」とわかったとしても、妊娠可能でない年齢の女性でも、「6箇月」の再婚禁止期間が適用されている。つまりそもそも本来の意味からすれば対象外の人までしばられる規定であり、今となってはこれもまったく不合理そのものだ。しかし、この法は変わらなかったし、今も変わっていない。

残された「氏」

先ほど引用した、

《民法上の家は廃止されたが、氏は残った》

に続けて我妻は書いている。

《その氏の法律的な性質は、全く変わったのだけれども、両親や親戚の頭の中は、そう簡単には切り換えられまい》

70年前の言葉であるが、私の心には今もリアリティを持って響く。「法律的な性質は、全く変わった」というその「氏」だが、それでも「残った」ことで、頭の中を変えるのは難しいだろう、と我妻は懸念しているのだ。

ところでその「氏」とは不思議なものだ。

一般に苗字を総称して「姓」「氏」とも言うように、「姓」も「氏」も示すものは同じだが、使われるときの役割が違うようだ。

「氏神」とは言うが「姓神」はない。

「姓名判断」はあるが、「氏名判断」は見たことがない。

原点に返れば、氏姓制度の「氏」は血縁集団、「姓」は地位や家柄の称号、のはずだ。

つまりごく簡単に言えば、姓は単に役割を示し、氏は血縁関係を軸とした統治と基盤のシステムということになる。


そういえば奇妙なことに、一般に言われる「夫婦別姓制度」は、役所では「夫婦別氏制度」と呼ばれる。役所では苗字はすべて「氏」と呼ぶわけでもないから、ここで「姓」でなく「氏」を使うのには、何らかの意味があるのだろう。

そもそも戦後の民法改正時に、「籍」は家族単位でなく個人単位にするはずだった。

しかし、なんと、「紙不足でできない」と司法省（今の法務省）はＧＨＱに対し答えている。つまり環境が整い次第、夫婦別氏制度に改正されるはずだったが、保守派の抵抗にあい現在にいたるまで実現していない。

戦前の「戸籍」は「家制度」そのもののシステムだった。そして戦後の民法で「家制度」が廃止され、家族のすべてを支配する「戸主」もなくなった。しかし「戸籍」は残っている。その中には「筆頭者」があり、ほとんどの場合、男性が担う。

法律上は廃止されたはずの「家制度」は、そこに脈々と生きている。それこそが、我妻榮が後悔を滲ませた部分なのだ。

旧民法で生きる人たち

前述した長勢氏をはじめ、民法772条改正に反対する政治家たちと話していて、不思議な感覚にとらわれることがある。今の民法を基準に話していても、かみ合わない。議論にならないのだ。つい、問いかけたくなる。

「もしかして今も、旧憲法、旧民法の世界で生きていませんか？」と。

我妻が言うように、社会のあり方が変わっても、家庭の意識が変わるまでには時間がかかる。たとえ時代とかけ離れていても、その家庭の中にいればそれが「普通」の家庭像になる。

特に、戦後の民主主義を謳歌《おうか》し、男女も、親子も、一人の人間として同じ権利を持つものとして尊重し合う家庭で育つ人と、戦前の家制度を引き継ぎ、何事も男性が優位、親は絶対、一人の人間としてある前に家の一員であることを大事にする家庭で育つ人では、正義も、価値観も、正反対だ。

両者は同じ日本の中で、それぞれ別のルールで生きているのだ。

たとえば地方の名家に生まれ、頭脳明晰《ずのうめいせき》で東大などのエリート校に進み、官僚や政治家へ、という男性の場合などは、常に権力の側にいるため、変わる必要も感じてこなかっただろう。新憲法、新民法が保障する権利や平等が必要な立場の人がいることなど、実感できないのかもしれない。

むしろ、権利や平等を叫ぶ人に自らの安定した基盤（＝既得権益）を奪われる「恐れ」すら感じているように思える。

こうした人が政策決定の場に多い社会では、いくら憲法や法律が変わろうと、「家制度」の意識は社会に温存されてきたのだ。

無戸籍者と「家制度」

もちろん一般の人たちにも、「家意識」にとらわれている人は多い。

誤解を恐れず言えば、今も多くの女性たちは、自立や自由を謳歌しながらも、同時にどこかで、男性に庇護されて生きることが「楽」だし「高付加価値」だという意識を残している。

成年無戸籍者たちの親が家庭を持った60年代、70年代には、「結婚が幸せ」「子どもを産むことが幸せ」とする風潮が強くあっただろう。しかし21世紀の今も、相談に来る若い母親たちは、無邪気にそれが「幸せだ」と疑わないところがある。いまだに子どもを持つことはどこか家庭内での自分の位置を補完するものだと思っている人も少なくない。

家庭内だけではない。「交際している男性との関係を安定させるために子どもが欲しい」と望む女性もいる。民法772条関連で出会う女性たちのうちのいくばくかに、そうした思いを感じることがある。

それは「家意識」を残した家庭や社会で「支配される側」として生きてきた女性たちの「防衛本能」であるのかもしれない。経済的、精神的に「生きづらい」から、強い者にすがる。その生き方では、すがる相手の善《よ》し悪《あ》しで、それがたまたまうまくいくかいかないかで、人生が大きく変わってしまうのだ。

そして、意外かもしれないが、私は日々接する無戸籍の子の母たちから、そうした旧来の「家意識」の残り香《が》を感じることも多い。

一見バラバラ、ずたずたに見える無戸籍者と家族も、長い間関わっていると、違う姿が見え隠れする。

弱い立場に耐え忍んだ末に、家を出ても離婚できない母。支配的な親を否定できず、親を扶養する貧しい子。自分を犠牲にしても親のことを心配する子。むしろ「家制度」の中にふさわしいような、古風な家族の姿が根本にある。彼らもまた、ある意味、旧民法の世界で生きているように思えてくる。

「戸籍」の狭間《はざま》で苦しむ人々は、変わり切れないでいる日本の家族制度の犠牲者なのかもしれない。

託された「改正」

そんなある日、出がけに家のチャイムが鳴り、宅配便が届いた。

注文してあった我妻榮編『戦後における民法改正の経過』（日本評論社）だ。オンデマンド出版を受け付けていたため発注した、できたてホヤホヤの本だ。

そのまま本の入った封筒を抱え、打ち合わせ前の空き時間にカフェテラスで開く。

開いたページに見えた見出しが目に留まる。

《問題は残っている》

と、そこにはあった。

この本は、民法改正時に活躍した法律家８名が協力し、改正当時の顛末《てんまつ》や議論をできるだけ残しておきたいという趣旨で、座談会形式で語られたものをまとめたものだ。

民法のほぼ全容を対象にした本の中のその見出しの項は、当時初めて導入された協議離婚を届け出る際、書類の偽造や、押しつけがないか、確認が必要だと議論になった背景が語られている。

当時は、個人に任せると届け出ない人が増えるのではないか、という点も心配されていた。その流れの中で、我妻と、その盟友ともいえる中川善之助、弁議士の長野潔らが、嫡出推定に触れている。


（もし離婚の届け出が遅れることが増えたら）

《中川「それこそ法律上の夫の子でない子供は生まれるし、事実上の再婚は起こるしで、非常に困ることになるとも思われます」

長野「しかし、（届け出を）放っておくほうが多くて、結局あとの夫の子供が前の夫の子になって始末がつかんですよ」

中川「そうなるおそれが大いにあります」》

こうした議論を経て、我妻榮は言う。

《「とにかくこの問題はこれだけ因縁のある問題だから、今度の改正のときにはさらに

検討しなければならんということになりましょうね」》

離婚と、それをめぐる嫡出推定の難しさは、やはり当時も認識され、「今度の改正」で検討をと考えられていた。改正は後世に託されていたのだ。

「家制度」しかり。その中の個々の条文しかり。

我妻は、この民法を永久に掲げよとは言っていない。むしろ、それまでも改める前提で議論してきたように、時代に合わせて変わるべきだ、と言っているのだ。

「法と民主主義の実現」に必要なもの

我妻自身、「法と民主主義の実現は、相互に関係し合うものだ」と述べている。

《法律は不当なことをするものを押さえる力はあります。しかしながら両方で実質的に共同してやれ、実質的に平等にやれといって、能力のない者を引き上げる力は法律には絶対にありません。ところが民主主義というものは、各人の自覚とか、各人の教養とか、各人の識見という、各人が充実発展することを基礎としています。要件としております。この要件、この基礎はとうてい法律の力を以て育てあげることのできないものであります。法律はただその育とうとするものを、じゃまするものがあったら、それを取りのけるだけの仕事はいたします。民法の改正は要するに、妻が平等の地位を持とうとする、あるいは各人が自覚しようとするのを妨げるものを取り除いただけの話であります。取

り除かれた上で、本当に平等になるためには、今後の吾々《われわれ》の大きな努力を必要とするのであります》

「努力……」。思い出した。我妻が民法改正の討論で述べた言葉だ。

《「要綱を貫く最も大きな特色は男女の平等への努力であります」》

《わが国の家庭生活の民主化の理想に向かって、今日《こんにち》最も大きな役割を演ずべきものは、家族、子、妻という被支配者の地位にあったものではなく、家長、親、夫という支配者の地位にあったものだと思います》

（以上、『家の制度』昭和22年2月「憲法普及会講演」より）

法律が実現しようとしている「正義」と、今この法律を運用する中で退けられている人々がいるという「現実」との差を「努力」して埋めていかなければ、真の意味での「平等」は実現しない。そのためには、支配者が変わらなければ、被支配者は変わらない、いや、変われないと語りかけているのだ。

米沢へ

我妻榮の仕事に触れていて、腑《ふ》に落ちた点がある。法の守り手として、我妻が何より重きを置いていたのが「判例」だということだ。法律家なら誰しもそうだろう。だが我妻は、法学の権威となっても変わらず現場に目を配り、後に判例研究の雑誌『ジュリスト』を立ち上げるほどに、「判例」を大事にした。

どんなに熟慮して法を作ったとしても、時代につれ、人につれ、思いもかけない事件が起こる。そのとき、どの法でどう裁いたのか、という判例を積み重ね、十分でない法については変えるべきとの姿勢を貫いたのだ。実際、彼はいつもその最前線にいた。

無戸籍の相談を受けていても思う。次々と舞い込む事例はそれぞれに複雑で、必要な対応も違う。でも、過去の事例があれば次のケースに応用できる。そうした積み重ねが人を救うのだ。

なかなか進まない無戸籍の現状に閉塞感を覚え、救いを求めて手にした本との対話からそのようなことをつらつら考えていたら、新しく我妻榮の本を取り寄せるために連絡した先から、本と一緒に走り書きの文が来た。

「米沢の我妻榮記念館にも、ぜひお越しください」

すぐにホームページを見ると、我妻榮の生家だという、古民家の写真が現れた。写真を見ていくと、部屋の写真などと交じって「判例カード」と題された一枚があった。木箱に入れられている、肉筆のように思われるそれは、館内で閲覧が可能だという。

「行ってみよう！」

ほどなく、私は米沢に向かった。

記念館の蔵の1階には、写真、手紙ほかさまざまな展示物が並んでいた。関係者の間で通称「巻物」と呼ばれる、紀元前2000年からの世界の法律史をまとめたものや、我妻が親きょうだいに宛てた外国からの絵はがきもある。ほかにも手紙、ノート、カードと、遺されている資料は、ほぼすべて手書きだ。圧倒的な知力と仕事量にも驚かされるが、同時に我妻が公私ともに、膨大な情報を整理し伝えることを楽しんでいたこともうかがえる。

その中ほどには、補聴器付きの眼鏡と一緒に、義足が展示されていた。

1930年、我妻は病気に見舞われた。足関節の結核性関節炎だったのだ。以降、彼は義足をつけて歩くことになったのだという。

旧制一高から東大へ。海外派遣留学を経て29歳で東大の教授になるなど、超エリートとして生涯を過ごした。我妻はその間ずっと、安倍晋三首相の祖父である岸信介と親友だったともいわれる。やがて、首相となった岸が60年安保改定で国民に反旗を掲げられた折には、厳しい言葉を送ったこともある。

権威にものをいわせることが多かった時代に、それでも我妻の視線が常に弱い者のところに届いていたのは、大病のせいもあるのだろうか。あるいは、父母ともに教師で、学生時代は奨学生だったという境遇のせいなのか。我妻は自分が教育を受けることのできた恩を忘れず、母校に私財で奨学基金も創設している。

世の中にはいつも「ほんの少しの差」で、勉強することや、結婚すること、家庭を維持することができない人がいることを、彼は切実に感じていたのかもしれない。

判例カードを手にして

急な階段で2階に上ると細長い木製のキャビネットがあった。同じ大きさの数多くの引き出しがある。そこには判例を整理した、手書きのカードが約７０００枚。印刷物も切り貼りしてまとめられたものが、引き出しにぴったりと収められている。まさに情報整理好きの面目躍如というところか。しかしこれは、この国の法にとっても、とても貴重な資料なのだと思う。

判例を探して、家族法の引き出しをいくつか開いてみた。

あった！

「嫡出推定」

カードのインデックスにその文字を見つけた。裁判で「嫡出推定」が争われたケースを、我妻が自ら記録していたのだ。

そこに入っていたのは、わずか2件の判例のみだった。

「昭和7年・夫が失踪した場合」と、「昭和11年・婚姻中に別居していた場合」。

今、もし我妻が生きていたら、ここに私の裁判の判例も入っていたのかもしれない。

その判例を見て、我妻ならこうつぶやいたに違いない。

「幸せな家庭の中で、家族同士で裁判をしなければ父になれないなど、まったく理不尽。

立法の精神に反する。法改正を即時検討すべきだ」と。
そのためにも、丁寧に支援を続け、役に立つ判例を積み重ねていかなくてはならない。
これこそが、我妻榮が後世の私たちに残した宿題なのだ。
頭の中の迷いの霧が晴れていく気がした。

第6章 「その後」を生きる無戸籍者たち

つながる無戸籍者たち

NHK『クローズアップ現代』の反響

2014年、無戸籍問題が再び世の関心を集めることとなった。

戸籍がないまま成長した成人無戸籍者の生活を追ったNHK『クローズアップ現代』〈戸籍のない子どもたち〉(2014年5月21日放送)が、大きな反響を呼んだのだ。

2007年、無戸籍問題が取り沙汰されたときから取材にあたってくれていた上田真理子記者と、福田和代チーフプロデューサーが丹念に取材を重ねた結果の、渾身《こんしん》の作品だった。

その主要人物として登場したのは、あのヒロミだった。

今まで戸籍がないことでいくつも夢をあきらめてきたヒロミ。運転免許を取ることができないため、移動はいつも自転車。6年前から始めたホテルのアルバイトでは、真面目な働きぶりが認められ、正社員にならないかと誘われるが、無戸籍であることがわかると解雇されてしまうのではないかと恐れ、断ってしまった。

本当は和食の調理人になりたかった。しかし調理師免許が取得できないため、断念した。アパートの契約ができないため、友人の家に住まわせてもらっている。携帯電話も友人のものを借りる。高額な治療費を恐れて、虫歯になっても歯医者に行けない。

本書では、テレビでは映せないヒロミの家族の真の姿を紹介したが、ヒロミは自分自身の日常だけでも大変な困難に満ちている。

ヒロミを含む数人の当事者への取材を通してこうした無戸籍者の実態が紹介され、その背景、自治体の対応ぶりも紹介された。

この番組が伝えたのは、無戸籍問題に関わる母親たちが、貧困や夫からの暴力といった負の要因をも抱えている中で、母親たちだけを責めても問題は解決しないという現実、また法律の不備や不足も含めてその負荷はなんの罪もない無戸籍者本人たちにのしかかるという、過酷さそのものだった。

反響の大きさに呼応して、2015年2月18日にはNHK『クローズアップ現代』〈戸籍のない子どもたちⅡ〉が放映された。

無戸籍のほうが「まだマシ」な人生

無戸籍者の親に対して「なんで出生届を出さないの？　子どもを無戸籍にしておくほ

うがよっぽど大変じゃないの？」という意見がある。

それはある意味で「正論」だが、答えはそう単純ではない。無戸籍状態は大変だが、当事者たちにとってはそのほうが「まだマシ」、もしくは「子どもを守る」がための「究極の選択」なのだ。

前夫と交渉することのリスク、裁判や調停のハードルの高さ……。これらが当事者にとって大きな重圧となってのしかかる。葛藤・苦しみの果てに、彼らは「無戸籍」を選ぶ。

これが一人、二人の話ならば「例外」といえるのかもしれない。しかしこれは今の日本において、恒常的に発生している問題なのだ。

国民にとっては正義を果たす最後の砦《とりで》である裁判所ですら、「担当者の違い」で「幸・不幸」が左右されているというお粗末な現実。

その場しのぎで民法の解釈や運用を変えてきたばかりに整合性が取れなくなり、フリーズしてしまっているかのような法務省や立法府の姿。

7年前、無戸籍問題が最初に取り沙汰されたとき、世論は一定の理解を示しながらも「母親たちの行為を不貞と決めつけ、責める」という意識を捨て切れていなかった。

しかし、今は少し違う。

これほどの問題を認識しつつも放置している国や自治体に対して、厳しい批判の目も向けられ始めている。

当事者への共感が広がったのは、それだけ日本に住む人々が何らかの形で、どこかの場面で大なり小なり、同じような理不尽さを見聞きする経験をしているからなのではないか、と思う。

無戸籍者が出会った夜

「無戸籍の人たちで集まる機会を設けたらどうだろう」

ふと、そんな考えが浮かんだ。

無戸籍者はみんな孤独だ。「自分だけが、なぜ……」という深い苦しみに沈んでいる。彼らの心に寄り添う努力をしている私は、いつもその奥底までは声が届かないもどかしさを抱えている。

でも「無戸籍の仲間」がいれば、彼らも胸の内をさらして話すことができるのではないか。

雅樹が大阪に来た日の夜、大阪在住で、親子二代で無戸籍となった藤田春香、成人無戸籍の相談者の中では最年長41歳の森山聡も加えて、無戸籍者たちが集まることになった。聡はつい3日前に戸籍ができたばかりだ。戸籍取得に向けて手続きを開始した冬美も「ぜひ、みんなに会いたい」と関東から駆けつけた。

翌朝に仕事がある冬美に配慮して、新大阪の駅の近くの個室居酒屋で支援者も含めてワイワイと鍋を囲んだ。

これまで、自分以外の無戸籍者に会い、話す機会がなかった彼ら。最初はぎこちなかった。

森山聡が、婚約者とともに遅れてやってきた頃から、打ち解けて盛り上がる。

私はその輪には入らず、支援者や家族とともに、彼らとは少しだけ距離を置いたテーブルに座っていた。

そこには4人だけがわかる世界、4人にしかわからない世界があった。

「なんにも悪いことしていないのに、自分が犯罪者みたいな気がしてきて、いつも捕まるんじゃないかと思っていたんです」

雅樹のかすれ声がかすかに聞こえてきた。

「そうそう！」

冬美だ。

春香の笑い声も聞こえる。

聡が何か笑わせるようなことを言ったのだろうか。

育った場所も、今住んでいるところも、年齢もバラバラな彼らは、本来ならば出会うはずがなかった。

戸籍が取れた聡。

子どもの戸籍を取るために、自身の手続きが複雑になり、いまだ出生届を出すことができずにいる春香。

引きこもりを脱して仕事を始めた冬美。

自分が誰なのかがわからないまま、これからも生きていくであろう雅樹。

今日ここには来ることができなかったヒロミや、行方知れずの明、不安の中でお腹の赤ちゃんを育む百合……、身分証明書がないためＴＯＥＦＬの試験が受けられないと相談に来た高校生や、奨学金を得るために提出が必要な住民票がなくて困っている大学生……。

何人もの「無戸籍の日本人」の姿が脳裏に浮かぶ。

「存在しない」とされ続けてきた彼らが今、語り始めたのだ。

そこに見えるのは、この国が歩んできた「時代」や「社会」の姿そのものだったりもする。

最終の新幹線に間に合うようにみんなよりひと足早く店を出る冬美を、駅のホームまで送っていく。

「どう？　楽しかった？」

「楽しかったです。でもまだまだ『はじめてのおつかい』状態ですね」

冬美は、好きだというテレビ番組のタイトルを口にした。幼い子どもが親に頼まれて、生まれて初めてのおつかいをする。寄り道をしたり、お金を落としたり、さまざまなハプニングを巻き起こしつつ、最後は家に無事戻ってきてミッションを果たすという番組だ。最後の結末はわかっていても、ハラハラしてしまう。

彼女にとってはすべてが「はじめて」である。大阪に来るのも、働くのも、こうして友人と呼べる人々と語ったり、継続的に連絡を取り合うことも。

目的地に向かって進むということすら、したことのない32年間。戸惑ったり迷ったりするのも仕方ないだろう。それでも進んでいかなければならないが、もはや「一人」ではないことを知ったことで、その一歩は未来へ向かう。

立ちはだかる「さらなる壁」――春香の場合

「無戸籍」という不幸の連鎖

２０１４年の夏から秋にかけてはうれしい報告が相次いだ。

熊本、大阪、奈良、東京、横浜、千葉……、０～４歳ぐらいの小さな子どもたちが、続々と戸籍を得ることができた。

一方で、成人無戸籍者の問題は進まなかった。

特に、大阪のケースは難しかった。

７年前からの相談者、藤田春香である。

夫によるＤＶで家を出た母親と、その７年後に出会った新しいパートナーとの間に生まれた春香。ＤＶ夫を恐れる母が出生届を出さなかったため、無戸籍になった。

相談当時、24歳だった春香にはすでに子どもが二人いて、春香本人が無戸籍だったため婚姻もできず子どもたちにも戸籍がなかった。つまり、春香は「無戸籍が連鎖している」という衝撃的な事例だった。

7年前、ショートカットを金髪に近い明るい茶色に染めていた彼女ももう30代だ。すっかり落ち着いて、その後に生まれた3人目の子どもも含めて、子育てに奮闘中である。

そんな春香が母親から戸籍がないことを告げられたのは、中学3年の夏だった。

「あんたには戸籍がない」

衝撃だった。そしてそれで過去にあった母親や父親が示した行動に納得した。

「お前なんか、高校に行かなくていい」

「車の免許も危ないからダメ」

あれもこれも「戸籍」がなかったからなんだ！

何かをやりたいと言うたびに、返ってくる答えは一つ。

「あんたには無理」。それは個人的能力の話ではなく、自分を取り巻く環境についてだった、ということにそのとき初めて気がついた。

自分に戸籍がないことを知り、親に対しての反発も芽生えた。家を出た春香は友人たちを頼りながら自活していた。そして子どもを産む。出生届は受理されなかった。母が無戸籍だからだ。

相談当時は、運転免許証も選挙権もないままだった。

私は、まず春香の子どもたちに戸籍を作ることをサポートした。春香は無戸籍のまま子どもたちの父と婚姻し、子どもたちは救われた。後述するように、それが春香の戸籍取得の壁になるのだが。

春香がもう一つやらなければならなかったのは「母の離婚」であった。母が離婚しない限り、いくら実父と認知調停し勝訴したとしても、春香は結局は母の前夫の籍に入る。だから順番としては「春香の母の離婚」、その後「実父への認知調停」だった。

父親でない人の「氏」を名乗る理不尽

ようやく母の離婚が成立し、さてこれから実父への認知調停というときに、父が病に倒れた。認知の申立書を出しに行ったものの、父はすでに裁判所に出かけられる状態ではなくなり、調停は取り下げざるをえなくなった。

春香の父は、彼女が生まれてからずっと愛情を持って養育してきた。にもかかわらず、法的には父となることもできないまま無念のうちに亡くなったのだ。

死後3年は「死後認知請求」が認められている。父が亡くなったあとの葬儀や、春香本人のさらなる出産などもあり、申し立てまで時間がかかった。あと残り1年しかないとなって、バタバタと手続きを始めた。

裁判は難航も予想されたが、意外に早く結論が出た。春香の父はこの父だと、認められたのだ。

「父が生きているうちに喜びを分かち合いたかった」と、春香は父の遺骨の入ったペンダントを握りしめた。

しかし、彼女の闘いは裁判が確定しても終わらなかった。

「晴れて父娘となれた」と喜んだのも束の間、彼らが「家族」となるにはさらなる壁があったのだ。自分の子どもたちを無戸籍状態にしないために春香が結婚していたことが、思わぬ事態をもたらした。

裁判所の認知確定の判決で決まった「父」の効力は、出生時に遡る。生まれたときから彼女の「父」は、推定されている前夫ではなく実父だ、と認められた。

それでも、彼女が称さなければならない氏は「出生時の母の氏（前夫の氏）」だというのだ。

子の氏に関する民法790条第2項「嫡出でない子は母の氏を称する」という規定によって。

通常、出生届を出していない人は、過去にどこにも登録されていないため、これから使う氏を現在の母の氏に〝訂正〟することができる（「子の氏の変更」の申し立て）。

しかし、春香は婚姻届を出す際に、母の前夫の氏で名前を書いてほしいという法務局の説明のまま、その氏で記載をしていたのだ。子どもたちの戸籍を取ることが最優先だったから、それを受け入れてしまった。一度でも公に使った氏は記録に残る。

母の前夫とはなんら関わりを持たないと証明された今、春香はその旧姓も訂正されるものだと思っていたら、過去の氏は変えられない、と言われたのだ。そして春香が万一離婚した場合は、離婚する夫の氏、または顔も知らず何の縁もない母の前夫の戸籍に入り、その氏を名乗るしかないという。

こんなおかしなことがあるだろうか。

戸籍制度の根幹を揺るがすもの

「そんなの、絶対にイヤです」

春香の気持ちは痛いほどわかる。

「氏を称する」とは、「その氏の筆頭者の戸籍に記載される」ということだ。

それを避けるがために母は身を隠し、子の出生届を出せず、無戸籍のまま育てるという苦労をしてきたというのに。長い年月をかけていくつものハードルを越えて、調停・裁判を行い、ようやく判決を勝ち取ったというのに。最後に待っていたのが、こんな「結末」だとは……。力が抜ける。

認知でも嫡出否認でも、その審判・判決は遡って出生時から効力を持つというのに、

「氏」だけは訂正できないというのは、どういうことなのだろうか。

なんでこんなとんちんかんなことが起こるのだろう。

そして、このパラドックスが実は「戸籍制度の根幹を揺るがすもの」であることに、法務省は気づいているのだろうか？

戸籍は、夫婦と親子で構成される「家族単位」で作成され、通常、その家族は同じ氏を称する人のみが入る。これを「同一戸籍同一氏の原則」と言う。しかしその一方では、この事例のように「裁判所に親子であることを否定された赤の他人同士」が同一戸籍に入ることをよしとしているのである。

血のつながりもなければ、養育の義務も、相続にもまったく関係のない人々が同じ戸籍となってしまうということだ。「戸籍制度」が大切にしているはずの「家族としての一体感」はどこへやら。

まったく皮肉なことである。

混乱する氏と戸籍

それだけではない。この「とんちんかんルール」は、さまざまに悪用できるのではないかとさえ思えてしまう。

「出生時の母の氏」の「出生時の」という部分は、法律事項ではない。「法務省民事局民事第一課長通知818号」（1973年2月）をもとにこう運用されているだけだ。

同じように新たに民事局長通達を出し、「民法772条に関わる調停・裁判によって氏を決定する場合は、届け出時の母の氏とする」とすれば、こうした無用な混乱は避けられる。しかしながら法務省はそれに消極的だ。

現実には、先の通知によって「実態」を無視した戸籍ができてしまっているのに。早急に改善策を示さなければならないことは明らかだ。

たとえば一般によく行われている、離婚後も結婚中使っていた氏（大抵は夫の）をそのまま名乗ることができる「婚氏続称」というのも、「同一戸籍同一氏の原則」から見たら、本当はおかしな話だと思う。

子どもがいる場合はまだ理由がつくが、子どもがいない場合も同じであるから、それでは理屈が通らない。

私自身は氏にはこだわらないので、離婚後の氏についても本人たちに都合のいい選択ができさえすれば、それでいい。

ただ「原則」という割には、その例外を根拠なく一部認めているなど、あまりに脇が甘い。つまりは「著しく平等性を欠く」ことに納得がいかないのだ。

このままいったら、戸籍制度はいつかは崩壊の危機に見舞われそうに思うのだが、

「保守派」の人々は危機感を持つどころか、今も「完璧だ」と信じて疑っていないように見える。

「保守派」だけではないかもしれない。多くの国民は日本は制度が整い、勤勉な人々がそれを守って効率よく暮らしていると自認してきた。しかしここにきて、それを疑うような事態が次々と起こっているように見える。長いこと騙し騙し使ってきた制度も、ついにごまかしがきかなくなってきたのだ。その一つが戸籍なのだ。

無戸籍問題、つまりは戸籍がない人々の存在や、逆に戸籍がなくとも現にこの国で生きられるという事実があぶり出すのは、発生の背景だけでなく、厳格・緻密、そして適正に運用されていると信じられてきた、戸籍制度そのものの「不完全さ」だ。

その戸籍の不完全さが示すのは、かつて我妻榮が危惧したように、実は「氏」を通して「家制度は存続している」という現実だ。

その前提で見れば、今の無戸籍の問題も「起こるべくして起きている」と言えるのだ。

支援する側に――春香

春香は私が最も長く関わってきた無戸籍者となる。

最初の相談の日から7年経ってまだ解決がつかないのは彼女だけだ。

それは彼女ががんばらなかったからではない。むしろ子どもたちのためにもがんばったからこその結果であることが、悔しいところでもある。

ただ、この7年、戸籍はできていないものの、彼女は自分の人生を前向きに歩いてきた。

彼女は無戸籍者ながら3年前に家を買った。100％自分名義で。夫はいるが、ローンも彼女が組んだ。

「別に夫の名義にしてもよかったといえばよかったんですけど……。やっぱり、『自分の家』が欲しかったんだと思うんです。誰からも出て行けと言われない場所が。中学3年生のときに家を飛び出してから、ずっと友だちの家や職場の寮で暮らしてきたんですが、いつも出て行かなければならないかもしれないって不安だったんですよね」

無戸籍で家が買えるなんて、誰も信じないに違いない。

でもその信じられないことを、彼女は20代でやってのけていたのだ。

「無戸籍者にも住民票が出るようになったから、可能になったことですけれどもね」

7年前、住民票を得て生きる選択肢が広がったが、すでに書いてきたように、一方では同時期に行った婚姻の手続きがもとで、彼女の戸籍取得の道は遠回りせざるをえなくなっている。

国を信じて、子どもたちを守るために出した婚姻届の氏――母のDV前夫の氏だ。その戸籍に記載され続けることだけは、彼女にとって絶対許せない。

事態を動かすために、彼女は今後、国を相手取った裁判を起こそうと考えている。

おかしいと思うことに「おかしい」と声を上げることは必要だ。しかしそれだけでは変わらないことも多いのだ。

特に戸籍関係のことは、司法の場に出て正していかないと行政側は動かないということを、7年の日々の中で実感している。

「裁判していこうと思ったのは、私が生まれたときから過去に遡っても『自分にとって正しい戸籍が欲しい』というのが理由です。でも、実はもう一つあって、もし私が認めちゃったら、私に続く人たちもまた同じ苦労をすることになる。だからここは譲っちゃダメだ、と思って」

春香は過去の記録をすべてファイルに整理し、保管している。いつか誰かの役に立つと思っているからだ。

「実は……あの、最近わかったんですが、私や母に冷たい言葉を投げかけた人たちの中で、産まれた子どもが無戸籍になっている人がいるんです。ええ、300日問題で、です。

たぶん……本当は私にいろいろ聞きたいと思っているに違いないのですが、なかなか連絡しにくいみたいなんです。でも、もし相談に来たら、私は全力で手伝おうと思っています」

批判していた人が同じ立場になる、というのは無戸籍問題に限らずありがちなことだ。自分だけは落ちないと思っている穴に、誰もが落ちる可能性があるということに、実際に落ちてみるまでなかなか気がつかない。

「偉いね。それでこそ、春香ちゃん！」

そう言うと、春香は答えた。

「私も長いこと学びましたから」

この7年で彼女の立ち位置は、「支援される側」から「支援する側」へと変わっていたのだ。

スーツに袖を通して――冬美の場合Ⅲ

初めての学校

スーツを着て私の前に立つ冬美の姿を、1年前に想像できただろうか。15㎝ほどだろうか、髪を切り、セミロングとなった髪型も似合っている。

「母と父が、この姿を見て本当に喜んだんです。まさかスーツを着るようになるなんて思ってもみなかったようで。スカートもほとんどはいたことがなかったから。なんだか親孝行できました」

今、冬美には次々と講演依頼や取材が舞い込んでいる。こうして時折スーツを着て、都内に出かける。

議員会館へ行き、国会議員のヒアリングを受けたりという経験もした。

小学校も中学校も行かず、自宅で過ごした冬美の生活を誰もが知りたい。「どうやって生き延びてきたのか」という興味本意の目も感じるときはあるが、それでも無戸籍者の真の姿を知ってもらいたいと、できるだけ取材には答えるようにしている。

２０１５年8月には、早稲田大学で無戸籍問題のシンポジウムが行われ、その帰り道、冬美は大きなキャンパスを振り返りながら言った。

「大きくて、びっくりでした。学校って、教室ってこういうんですね」

昨年までの冬美が日常的に接していたのは数人ほどだが、今日も１００人ほどの人に自分の話をした。

32歳を越えて、33歳になった彼女の「世界」は急速に広がっている。

「兄・悟が生きることができなかった33年目」は冬美にとって、どんな1年だったのだろうか。

「時間が過ぎるのが早すぎて。それまでは本当に毎日がゆっくりで、なかなか時計が進まなかった。この1年はそれまでの32年分よりいろんなことがありました」

「貝柱のご飯を炊いたから、食べていって」

久しぶりに冬美の家を訪ねると、いつもなら立って玄関で迎えてくれるよし子が、居間から顔を出して言った。

脚の調子でも悪いのだろうか。

「脚も痛いし、明後日《あさって》から入院して、心臓の手術をするのよ。カテーテル」

命に別状があるような手術ではないが、やはり老いは迫っている。

あれこれと3人で世間話をしていると、よし子が冬美に「井戸さんのご飯、用意してあげて」と促した。

冬美が台所に立つ。居間には私とよし子だけとなった。

その瞬間、よし子は「脚が痛い」と言っていたのに正座をして、私に丁寧に頭を下げた。

「お世話になりました。本当に感謝しています。井戸さんと南（裕史）先生にはどれだけの恩を感じているか」

冬美が戻ってくる気配がすると、よし子は顔を上げ、脚を伸ばした。何事もなかったかのように、豪快に笑って、食卓を整えた。

炊きたての貝柱のご飯は美味しかった。

頰張りながら、話題はそろそろ子どもが生まれる百合のことになった。

「夏の出産は大変よね」と私が言うと、よし子は言った。

「冬美が生まれた日は雪が降ったんです。東京でも珍しく。母親が子どもの生まれた日の天気を忘れないのは、本当に不思議よね」

……母親が子どもの生まれた日の天気を忘れないのは不思議……雪……？

同じことを話した記憶がある。

そうだ、百合だ。百合の母・礼子と話したときだ。

「あれ？　冬美ちゃんの誕生日って？」

「昭和57年2月22日です」

何ということだ。まったく気づいていなかった。

生まれた年も月もまったく一緒。冬美と百合は1日違いで生まれてきたのだった。

二人の母親は同じ頃に陣痛を迎え、出産をし、ようやく手にした赤子を抱きながら、病室の窓から雪景色を眺めていたのだ。

たぶん、そのときには子どもが無戸籍となるなど考えも及ばなかっただろう。

束の間の休息と安堵の数日間を過ごした後、続いたのは「存在しない子」の母としての日々である。

雪の日にスタートを切った二人の人生は、いずれ重なり合うとも知らずに別々の道を進んでいく。母たちの苦悩も同じ時期に同じようにやって来たはずである。

「百合ちゃんの赤ちゃん、もしかして、今頃生まれていたりして？　なんだか自分のことのようにドキドキしちゃいます。他人じゃない気がしちゃって」

冬美が言う。

「うん。冬美ちゃんが言うんだから間違いないよ。今頃生まれているかもね」

私はそう言って時間を確認した。午後5時45分だった。

「そろそろ帰りますね」と言うと、よし子も冬美も6時過ぎには冬美の父・喜一が帰ってくるから待ってほしいと言う。冬美の家は駅から少しばかり離れているので、喜一の車で送りたい、と。

ほどなく仕事から戻ってきた角田喜一とは実際に会うのは初めてだったが、小柄ながら精悍《せいかん》な顔つきだった。「いい人なのよ」と何度もよし子から聞かされていたが、それも納得できる。

「じゃあ、お父さんと私で駅まで送ってくるから。お父さん、よろしくね」

冬美が帰ってきたばかりの父に声をかける。

「また来ますね」

私はよし子に別れの言葉を言う。

運転席には喜一が、助手席には冬美が座る。

後部座席から後ろ姿を見るこの父娘が33年間、法的にはまったくつながりがなかったとは、誰もが思わないだろう。

彼らを分け隔て、父娘にすることを拒絶し続けた「戸籍」とは、いったい何だったのか。

「無戸籍のことを勉強し始めて、いろんな方がいることを知りました。そのまま戸籍を前夫のところに入れてしまう、という親御さんもいるんですよね。

こうなってみると、もちろん無駄なこともたくさんあったかもしれないけれど、自分の父を自分で選んだというか、選べて本当に良かったと思っています。

法律的にはそのまま『前夫の子』になるはずでした。母もそういう選択だってできたはずなんだけど、できなかったし、しなかった。だからこそ、私は『本当の私』を獲得することができたんです。

子どもが父を選べるって基本的にはないですよね？　生まれたときに決まっていて、それは受け入れるしかない。もしもこの状態で選べなかったときのことを考えたら、私は選べただけ良かったのかもしれない、なんて思ったりするんです。

戸籍って『ただの紙』ですよね。でも、私にとっては……この『ただの紙』がなかった私にとっては、父の名前が書かれた戸籍は『ただの紙』ではなくて、いくつもの選択の積み重ねで得た『私自身』だと思うんです」

冬美の家から10分ほどで喜一の運転する車は駅に着いた。

「お疲れのところ、送っていただいてありがとうございます。冬美ちゃん、またね。お母さんの手術、うまくいくことを祈ってる」

お礼を言って降りた。

ラッシュアワーにかかって、冬美が助手席に乗った車は大きなバスの後ろを後追いするようにゆっくりと進む。

笑顔で大きく手を振る冬美。大阪から新幹線で戻るときもこうだったな、と思い出す。
あのときは戸籍がなかったが、今はある。
その境目は日に日に薄くなっていくことだろう。
彼女は「私自身」を得ることができたのだから。

交差する生と死──百合の場合Ⅱ

父倒れる

百合の父・信夫が脳梗塞を起こして緊急入院したのは、百合の出産予定日間近のことだった。

「妹から電話をもらったんですけど、もうワンワン泣いていて。『私がお父さんに死んでしまえって言ったからだ』と言っていました。妹も反抗していた時期があったんです。

本当は私も会おうかどうしようか迷ったんです。もう、いいかなって。でも、今はそうかもしれないいけれど、もしかしたらずっと後になって後悔するときが来るかもしれないじゃないですか。それは嫌だなと思って、病院に行きました」

百合は喧嘩別れしたままの父に対して今も複雑な思いを持っている。

「私から見たらDV夫です。事業を広げて、そのうち失敗して、酒に酔って、いろんなものを投げたり。

生活が成り立たないから母が働きに出る。残業をする。でも父の機嫌一つで、母は怒られる。そんな生活がずっと続いたから。良い思い出より悪い思い出のほうがずっと多いんです。だから父と会うのはつらいんです」

「同じ無戸籍でも、妹さんと違ってお父さんとの間に距離があるのね？」

「末っ子はやっぱり甘え上手ですよね。何か欲しいと父にも寄っていって、ちゃんとゲットする。私にはそれができなくて」

来週から臨月に入るお腹を抱えて、百合は父の入院する病院に向かった。父の意識はすでになかった。

「今日か明日が峠だと言われてるんです。あちこち管がつなげられていて。妹は『お父さんに何か言ってあげて』って言うけど、なんて言ってよいかわからなくて。『がんばって』とそれだけ言ってみたけど、それはこちら側の思いであって、父には確実に聞こえていない。じゃあ、ほかに何が言えるのだろうと思ったら……」

百合の父は病院が嫌いだった。公と思われるものすべて、役所も嫌いでギリギリまで足を向けなかった。

あるときから父の手足の機能が衰えてきた。百合の母・礼子はそれを「運動不足」と言って、なるべく歩かせようと働きかけた。

しかし、倒れてからわかったのは、それは運動不足などではなく、軽微な脳梗塞を繰り返したゆえの症状だった。父の頭の中は血管から染み出した血液でいっぱいだった。

「手術もできない状態と言われていたんですが、なんだかすごいな、しぶといなと思うんです。

……もしかしたら、私の子どもが生まれるのを待っているんじゃないかな、と思うと、それはそれで怖い気も」

百合は出生届を出さなかった母よりも、そうさせてしまった父に何倍もの非があると思っているのだ。

「倒れたのが父でなく母だったら、私もあんなふうに冷静でいられなかったと思うんです。取り乱していたと思う」

私は何度か百合の父と電話で話したことがある。そのつど「ありがとうございます」と言うが、その対応はどこか儀礼的な感じがした。

百合の場合は、調停や裁判で父との関係を証明する必要はなかった。あくまで「礼子と百合との母子関係」の証明こそが問題となる。

そこで父はどうかというと、母・礼子と婚姻している相手、つまり自動的に「母の夫」である信夫となる。

百合の父親の無関心とも言える態度は、出産をする立場ではない性ゆえのものだろうか？　そう、男性は出産しない。それは法の場では父の確定の難しさとして必要以上の縛りをかけることにつながり、また、父親の不確かさという、ある意味認めたくない人も多いであろう男という性の「弱さ」を含んでもいるようにも見える。そこにも実は、無戸籍問題がいまだに解決されない理由があるような気がする。

ほかの無戸籍問題の父親たちは、当事者でありながら父親になれないもどかしさを抱えている。それからすると百合の父親の他人《ひと》ごとめいた態度は、一見不可解にも思えるのだが、そこにふと、無戸籍問題を象徴する「父」という立場の不確かさの一面が、垣《かい》間見《まみ》えるのだ。

そしてそれはこの問題が生まれるもう一つの象徴であるような気がする。

出産、そして百合の大きな夢

百合の出産は想像以上に難産だった。

分娩室で丸二日がんばったが、微弱陣痛が続いて、なかなか出産へとは至らなかった。最後は鉗子《かんし》分娩となったが、その際に大量に出血し、生まれた子を抱く際にはほとんど力が残っていなかった。それでも父となった圭太とともにようやく出会えた命を精一杯抱きしめた。その時刻はまさに、私と冬美が話をしていた午後5時45分だった。

出産3日後に私が病院にお見舞いに行くと、極度の貧血状態が続く百合だというのに、出産ラッシュに重な[illegible]という事情で、あろうことか陣痛室の廊下にベッドを置き寝かされていた。

「なんか、とっても不思議な感覚ですね。親になるって」

百合は言った。

「この子を守らなくっちゃって思いが込み上げてきました。今までそんなふうに思ったことってなかったから」

「まさか、本当に冬美ちゃんと話していたときに生まれていたなんてね」

「そうなんですよね。やっぱり何か通じるものがあるのかしら」

そんな話をしていると、新生児室からまだ湯気が出ていそうな赤子を乗せた小さなベッドが運ばれてきた。

「わあ、抱かせて、抱かせて」

くるまれているタオルケットをめくって抱き上げると、赤子は不快そうに、顔をくしゃっとする。

「あ、ごめんごめん」

思わず、赤子に向かって謝る。

「大丈夫です。泣くようで泣かないんです、この子」

百合は言った。

本当だ。赤子はあっという間にまた安心した表情に戻る。

泣くと思ったら、泣かない……。

「強いね」

私が泣きそうになりながら百合に言った。

「はい」

百合は泣かずに私を見つめて、微笑んだ。

思えば私と会うとき、百合はいつも泣いていた。

初めて会ったときも、婚姻届を出しに行ったときも、「無戸籍問題を考える議員連盟」のヒアリングに呼ばれ議員会館で発言をしたときも、いつもいつも泣いていた。

「なかなか、いいやつです」

そう言って笑った。今度も百合は泣かなかった。泣きそうな顔で笑っている。

百合の戸籍もまもなくできそうだった。相変わらず役所が意地悪とも思える言いがかりをつけてきてはいるが。

そういう一つひとつを、これからは「泣きそうで泣かない」この子の存在が励ましてくれるだろう。こぼれ落ちそうになる百合の涙を止めてくれるだろう。

「夫に『やってみなさい』って言われました。『やってみなさい』って」

百合は夫である圭太の口まねをして言った。

百合の口から初めて聞く言葉が出た。

「大きな夢、なんですけれどもね」

百合は司法書士になるという「夢」を持つようになったのだ。

「まだ、本を買ったばかりで、何ページか読むだけで眠くなっちゃって。でも、子どもを育てながら勉強して、なんとかがんばってみようと思っているんです」

「やってみなさい」

父からはついぞ聞かなかった言葉に違いない。

愛されていなかったわけではない。でも父母から励ましがあったのかといえば、たぶん、十分ではなかった。

「今日からが百合の本当の人生の始まりです」

百合の婚姻届提出に際して陳述書を作成するため、母親から聞き取りをした、その中の言葉を思い出す。

33歳。今からだって遅くはない。

晴れて司法書士となって、いつか自分に続く誰かをそう励ます百合の姿が見えるようだ。

「身元不詳」の無戸籍児

義務教育をまったく受けずに育った百合と冬美が同じ年の同じ月、1日違いで出生した無戸籍児だったことはすでに書いた。

彼女たちの母親が見た雪景色はどんなものだったのか知りたくて、私は百合の出産間もなく国会図書館に行き、新聞の縮刷版を取り寄せた。

「出番はにかむか　春」「春足踏み　雪チラリ」

前日までのぽかぽか陽気から一転、東京の朝の最低気温は1・7度。発達した低気圧が前線を伴って東北東に進む。これがやがて春一番をもたらす原動力になる、とある。

なるほど、と思って、ページを閉じようとした瞬間、別の記事が目に留まった。

「父さん、私は誰だった？　戸籍なく二児は散った　父二人と母　出生を放置」

大きな見出しはまさしく無戸籍児についての記事だった。むごすぎる偶然とも思えて、足が震えた。


記事の内容はこうだ。

遡ること1年前、母親が乳幼児を置いて外出している間にストーブの火が引火、火事となり3人の幼い姉妹が亡くなるという痛ましい事故があったが、その後の調べで、亡くなった三姉妹のうち2人と、もう1人のきょうだいである男の子は無戸籍だったとわかった。

記事は淡々とこの家族の事情を書いた上で、母親が外出しなければならなかった理由にも触れている。

この母親は2回結婚をしているが、最初の結婚では夫の浮気、2回目の結婚では暴力に悩まされた。

貧困もあった。複雑な事情の中で生まれた子どもたちは無戸籍となった。しかし、母親は何もしなかったわけではない。火事になったこの日も元夫に相談に行っていた。その最中に起こった悲劇だった。

死亡した無戸籍の子は「氏名不詳」の身元不明者扱いになっている、とある。

「生まれたことも、死亡したことさえ世間に認められないままになっている事実を、どうしたらいいのだろうか」

記事はそう結ばれていた。(「朝日新聞」昭和57年2月27日)

本書に登場する百合や冬美だけではない。

ずっと、そこかしこで、このきょうだいたちと同じ運命をたどるかもしれない子どもたちは生まれ続けてきた。いや、今も……。

突然のショートメール――明の場合Ⅱ

生きていた明

消えたはずの明から突然に連絡が来たのは、全国の8割が真夏日となり、大阪では2015年初の猛暑日を記録した7月31日のことだった。

「暑中お見舞い申し上げます。

あの頃より音信は途絶えましたが、いつも忘れたことはございません。

おかげさまで今年は力仕事をせずにすみました」

携帯電話にこんな文面のショートメールが届いた。

見慣れぬ電話番号からだったが、それが明なのだということはすぐにわかった。

「元気でよかった！　またゆっくり話そうね」

私は短い返事を出した。

戸籍取得のための就籍手続きをしたものの住民票は貰《もら》えず、就籍も途中であきらめてしまった明。あれからどんな暮らしをしていたのだろうか。

すぐにでも電話をかけたい気持ちはあったが、落ち着いて話せる時間がなかなか取れなかった。

1週間ほどして、私のほうから電話を入れた。

「大丈夫だった？　私もいろんな駅を通るたびに思い出していたんだよ。どうしてたの？」

「はい。元気にしていました。ともかく今年の夏は暑いから、あのまま西成にいたらひからびていたと思います。生活保護も貰えて、クーラーのあるところで暮らせて……、本当にありがとうございました！」

明の声は明るかった。

明を救った生活保護と障害者手帳

彼は生活支援団体に連絡をとっていた。

そこで無戸籍でも生活保護の申請が行えることを知る。住民票を取ることにはあれだけ抵抗した自治体だが、生活保護のほうはすんなり下りた。アパートも借りることができ、40歳にして生まれて初めて定住する場所を見つけたのだった。

生活保護の受給が決まると、それが振り込まれる預金口座を開くことができる。自分名義の口座がようやく手に入ったのだ。

明は近況を私に報告しようと思ったが、就籍手続きを途中でやめたことはやはりバツが悪い。以前のようにコレクトコールをするのも気が引ける。携帯電話の契約には住民票がないとできない。そうこうしているうちに月日が経ってしまったという。

「それが……、以前から、身体がだるいとは感じていて。身体に震えがきて力が入らないときがあったんです。

もしかしたらうつ病かもしれないと思って精神科に行ってみたら、そこでは異常が見当たらないけど、先生からなるべく早くに脳神経外科を受診するようにって言われたんです」

「脳神経外科？」

思わず聞き返す。

「てんかんだったんです。そもそも、工事現場の仕事は無理だったんですよね。障害者手帳が出ました。発作がいつ起こるかもしれないので。もしかしたらもう何度も起こしているかもしれません。いつも自分一人だったから、気がついていないだけだったんですよね」

明は続けた。

「それで、住民票がなくても携帯電話は持てるようになったんです。いつ何時、何が起こるかわからないから。障害者手帳で携帯電話の契約はできるんです」

「そうなんだ。怖いものね、何かあったら。ずいぶんと無理してきたんだね」

「はい。お医者さんにも普通に働くのは難しい状態だと言われました」

もっと早くに、適切な治療を受けることができたならば。いや、診断だけでもあったなら、それを前提とした暮らしが送れたに違いない。

「また、戸籍が作りたくなったら連絡してね。そのときは手伝うから」

私はそう言って電話を切った。

ずっと気になっていた明。私と出会ったときよりずっと前向きに生きていることにほっとした。

「働くのは無理でも、ボランティア活動などには挑戦したい」という言葉に、少しずつでも周囲の人々と関わりを持ち、社会の中に入っていこうと努力していることも感じられて安心する。本当によかったと思う。

「無戸籍で生きる」という選択

明は41歳になった。たぶん、このまま無戸籍で生きていくのだろう。

それでいいのか、と聞かれたら、国はどう答えるのであろうか。

たぶん「取ってください」というだろうが、出生届の届け出義務者がいない明の場合、

「就籍」しかしその道はない。

しかしそのハードルの高さゆえに明はその気をなくした。手続きをあきらめたとしても、彼は就籍義務違反に問われることもない。

結果的に国や自治体が無戸籍で生きる選択を「推奨」とまではいかないが「黙認」しているようになってしまっているのは皮肉としか言いようがない。

大阪・新今宮の駅で最初に明と出会った日、「お母さんに会いたい？」と聞くと明は即座にそう答えた。

「会いたい。会いたいです」

かつての明にとって「戸籍を得たい」と思う大きな理由、それはその手続きを進める中で「いつか母にたどり着くかもしれない」という思いだった。

母親の生まれ故郷の自治体にその名前で母が存在しているかどうか探したが、その自治体には該当者はいなかった。

となると、もはやその段階は終わっていると考えざるをえない。おのずと明にとって戸籍が必要な理由は「行政・社会サービスを受けるため」となる。つまりは生きていく手段として戸籍が必要ということだ。

ただ、生活保護、障害者手帳の取得によって、彼は生活をしていく上での代替の手段を得ることはできた。もはやわざわざ裁判所に行って証明してもらう積極的な理由も見つからない。

無戸籍で生きる。

今まで41年間生きてきたのと同じように、何ら変わりなく。

それをまっとうするのも「明らしい人生」のような気がしてくる。

灯《とも》り続けるロウソクの火――ヒロミの姉・京子の場合

夢見る日々は

ヒロミは勤めているラブホテルの正社員となり、あっという間に店長に昇進した。無戸籍者の「その後」を語るならばヒロミの今を語らなければならないのだろうが、ここでは元気に暮らす彼に代えて、この問題の際《きわ》で生きているヒロミの姉・京子の近況を記したい。

私は13年で1000人以上の当事者と向き合ってきた。当事者の母や父も含めれば3000人以上の人々の「生きざま」を見た、ということになる。

京子はその中でも私が最も共感できる人物だった。

「次、生まれ変わったら、もう結婚する相手も決めているんです。現世ではかなわなかったけど。子どもは最低でも4人は欲しいんです。贅沢はしなくていい。食べられれば」

京子のささやかな望みはもう現世をあきらめ、来世に託されている。しかし本来、彼女が望むその生活はこの国の憲法が保障する「健康で文化的な生活」の延長上にあるものなのではないのか。京子だけでなく、すべての国民が手に入れられるはずのものではなかったのか。来世など待たなくとも。

関西から逃げ帰って東京で暮らし始めたとき、京子のもとを訪ねてきた人物がいた。高名な書道家だった。

たまたま夏休みの宿題で出した書道の作品が入賞し、展示された。それを見て才能を感じ、「私に預けてみないか」と誘いにきたのである。

経済的に苦しいのであれば内弟子にすることも構わない、という申し出だ。もしその道を歩んでいたら、今の暮らしとはまた別の京子が生きていたはずである。しかし、その選択はできなかった。自分だけ、この暮らしから抜け出ることはできなかったのだ。

林久美子議員の国会での訴え

そんな話を京子としながら、私は数日前に行われた林久美子参議院議員の本会議での代表質問を思い出していた。林氏は前述した「無戸籍問題を考える議員連盟」の幹事長である。

折しも、国会では「女性活躍推進法」が可決されようとしていた。

林氏は演説の最後を無戸籍女性の話で締めくくった。

「最後に、活躍するチャンスすらない女性がいるということをお伝えしたいと思います。

(中略)

どんなに活躍したくても、法律の隙間に落ちて、これまでの人生で社会と関わることができなかったのです。30代で友人もいない、恋をしたこともない、学校にも行ったことがない、人との関わりの中で社会生活を経験したことがない。彼女の気持ち、わかるでしょうか。彼女の思い、これまでの人生、これからの人生への不安、想像することができるでしょうか。彼女も仕事をしたいと言っています。自らの意思によって職業生活を営みたいと言っています。

この法律は、社会に出て働きたいと願うこうした無戸籍成人の女性をはじめ、厳しい状況に置かれた女性をも救えるのでしょうか。社会の中で彼女たちも活躍することができるようになるのでしょうか。

有村大臣にうかがいます。女性の活躍は大切です。それを後押しする法律も必要です。しかし、私たちが当たり前だと思っていることすらままならない女性が今もいます。社会生活のスタートラインにすら立てない女性がいるのです。

現政権による政策の多くが資産のある人や大企業への恩恵に偏っているように、この女性活躍推進法案も強い人に偏っているように思えてなりません。厳しい状況に置かれた女性にも光を当てる法律であってほしいと心から願い、私の質問とさせていただきます」

それまでヤジが飛んでいた参議院の本会議場は、水を打ったように静まり返った。

最初に家を訪れ、驚いたときと同じように、今も京子の髪は金色に近い。街を歩けば人は必ず振り返るはずだ。

それは人並みはずれて派手な外見というのではなくて、使われなかった才能が彼女の中に押し込められ、はみ出した部分が光を放っているのだと私には思える。

「やっぱり、身体は無理が利かなくなってきています」

京子の腕には生々しい注射針のあとが刻まれている。

透析生活も10年を越している。

彼女が母と暮らす家はいつ行ってもきれいに片付いている。ものはほとんどない。しかし行くたびに何かの状況が変わっている。

「あれ？　何か変わりました？　テレビが変わったのは前に来たときですよね」

「変わっていないと思いますけど。あっ、猫が……」

2匹いた猫の1匹の姿が見えない。

「そうなんです。数日前に亡くなったんです。5年前、向こうからこっちに引っ越してくるとき、周りがすーっと去っていく中で、『この子だけは私たちの味方だね』と母と言ってたんです。本当に慰めてもらいました。もう18歳だったし、心臓も悪かったから……。ヒロミが帰ってきて安心したんだと思います。あの子の戸籍ができてすぐに歩けなくなって」

日当たりの悪い家だが、電気をつけていないのは変わらない。ただ、いつも仏壇のロウソクは静かに灯っている。今日は、もう一つの部屋にもロウソクの火が揺れていた。そこには猫のお骨が収められた小さな骨壺《こつつぼ》が置かれている。

寂しくなった京子の暮らしだが、まもなく新しい希望がやって来る。

縁あってこれから生まれる予定の、知り合いの子どもを昼間預かることになっているという。

「ちょうど、彼女の職場の近くだから、行き帰りも楽だし、じゃあ、私が預かりますよって」

次にこの家に来るときには、また何かが変わっているはずだ。

人生はひとところに留《とど》まらない。

家を出てから大通りまでの一本道、京子はいつも私の姿が見えなくなるまで手を振ってくれる。

私は時折振り返って、京子に声をかける。

「ありがとうございまーす!!　また来まーす!!」

私の声は彼女に聞こえているだろうか？

京子はより一層派手に手を振る。

私はもっと大きな声を出して手を振る。

たとえ聞こえていなくとも、私の思いは十分に届いているはずだ、と思いながら。

「僕」が消える前に——雅樹の場合Ⅳ

「偽名」しか使ったことのない人生

雅樹と出会って再びの夏が来た。

私は初めて待ち合わせをした場所と同じ新宿駅構内の喫茶店で、雅樹が来るのを待っていた。

「ごめんなさい。寝坊しました」

午後1時の待ち合わせだったが、雅樹は15分ほど遅れて来た。整髪料をつけていない髪は子どものようなハネを作り、出がけの慌ただしさを想像させた。たぶん、昨夜も遅かったのだろう。以前のぞいた、雅樹が勤めるホストクラブのほの暗さを思い出しながら言った。

「大丈夫。こちらこそごめんね、忙しいのに」

早速、テーブルに原稿を広げる。

今日、雅樹に会うのはこの本の原稿をチェックしてもらうためだった。

「まず、名前なんだけど、どうかな？　なんとなく、なんとなくだけど、仮名をつけたんだけど」

私は最初につけていた名前を告げる。

「純」

彼の過去には光が射《さ》さない。だからこそ、本来は影も曇りさえもできるはずがない。しかし、人は、私は、彼に長く伸びる影を見る。その影は彼の足元から出ているわけではない。その影は、あくまで彼の後ろにある鬱蒼とした森が作っているのだ。

名前のない子どもはその影から逃げようとしても、逃げられない。どんなに純な、清らかな心を持っていても。

だから「純」。

「こだわりないですから、なんでもいいです。そもそも自分の名前も本当かどうかわからないから」

「そう？」

「あ、本名でもいいですよ。桜……桜悠聖《さくらゆうせい》」

雅樹はホストクラブで使っている源氏名《げんじな》を挙げた。

「若干、キラキラすぎますかね？　本の真実味がなくなりますかね？　こないだの裁判でも裁判官に名前のことで聞かれて……」

雅樹の「就籍」申し立ては審理を終わり、あとは審判を待つばかりだった。

彼は養母が彼の名前とした「近藤雅樹」ではなく、夜の世界で使っている「桜悠聖」を本名にするよう裁判所に申し立てていた。

「最後、裁判官から聞かれたんです。本当に『桜悠聖』でいいの？　って。念を押されました。

でも他の名前といっても、『近藤雅樹』という名前は養母から聞かされていただけで、外で名乗ったことがないんです。

社会に出てからはいつも偽名を使っていたから……。今の『桜悠聖』が一番長く名乗っているので、それが自然なんです。でもこんな名前じゃ少女漫画みたいで、話に信《しん》憑性《ぴょうせい》がなくなりますかね？」

「若干ね」

私は正直に答える。

「近藤雅樹のほうが信憑性があるよね」

「確かに」

雅樹は笑った。

「ただ……僕が『近藤雅樹』だったことを知っている人なんていないんです。誰にも知られないように生きてきて、それが成功した結果なんだけど。……皮肉な話ですよね」

とりあえず、名前は私がつけた仮名でいこうということで話を進める。

原稿に落ちた涙

「じゃあ、原稿を私が読み上げるから、おかしいと思ったらそう言ってね。遠慮なく」

「わかりました」

「これで大丈夫？」

1段落ごとに私は確認する。

「はい。大丈夫です」

私は雅樹が私にも言えない何かを知っているのではないかと疑う、と書いている場面に入った。

この部分が彼を傷つけないだろうか。彼との間の信頼関係がなくなってしまわないだろうか？

苦しい。

私は読み進められなくなった。

「ごめんね。私、疑っていたの」

私は正直に言った。

「あ、大丈夫ですよ。僕だってそう思いますもん、きっと。裁判所が根掘り葉掘り調べたり、区役所の尋問のような失礼な質問も、必要なことなんだろうなって思うんですよ。気にしないでください」

「ホント？　嫌じゃない？」

ほっとするのと同時に、思わず涙が出た。涙が出るのはこんな雅樹を疑う自分が許せないからだ。

「嫌とか、そんなんじゃないです。井戸さん。ぼくは井戸さんにだったら何を思われても、何を書かれても大丈夫です。だって井戸さんがいなかったら、ここまで来ていないんですから」

そう言われると余計に情けない。なぜ私は雅樹のすべてを信じてあげることができなかったのだろうか、と。

雅樹はテーブルの上に置かれたナプキンを差し出した。

「気にしないでください。大丈夫、大丈夫」

これ以上この話をしたら周りに不審に思われるだろう。私は涙をぬぐった。

「あのね、この間のＬＩＮＥだけど、『この本が出る頃には僕の就籍が認められて』って書いてくれていたでしょう」

雅樹のことを本に書いていると伝えると、彼はＬＩＮＥでこのように返信してきていた。

「最後は僕の就籍が認められたシーンで終わることができたらいいな。だって、〈物語は〉ハッピーエンドでなければいけませんよね」

「私ね、あれ読んで涙出ちゃって」

喉の奥がまた震える。

「伝えたいな、と思ったの。あなたのお母さんたちに。つらいこともあっただろうけど、あなたたちの息子は『人生、最後はハッピーエンドになる』って信じているよって。こんなに立派にいい子に育ったよ、って。見せたいよ、本当に」

「あ……」

雅樹は小さく声を上げた。

「やっぱり……、この本に出てくる僕の名前、『近藤雅樹』にしてもらっていいですか？もしかしたら……、母たちが近藤雅樹という名前を見つけてくれるかもしれないから」

思いもかけないひと言だった。そして私は、私以外にこの名前を見て涙を浮かべる人のことを思う。

実母、養母、実父……。彼の実父はこの名を知っているのだろうか。いや知らない可能性のほうがずっと高い。

そして〝母たち〟は……。

「ねえ、お母さんたち、どこかで生きている気がしない？　偶然にでも誰かがこれを読んで、何かのつながりで連絡がとれたらいいよね」

「はい。その可能性がないとも言えないですもんね」

本当のことを言えば、母の名前も、養母の名前すらも本当かどうかはわからない。確信を得るだけの証拠を雅樹は一つも持っていないのだ。

ただ、今、彼はそれがたとえ何億分の1の可能性だとしても、そこに望みをつないでいるのだ。

〝母たち〟が懸命に守り通したもの

「僕は……、僕は無戸籍の人たちは十分にわかっていると思っているんです。戸籍を作らないといけないとか、いつかはちゃんとしなくちゃとか。

でも行動を起こすまでには一つの境界というか、壁があるんです。それもかなり大きな、高い。それを越えるにはやっぱり何かが必要なんですけど、それは『きっかけ』というほどにも大きなものではなくて……。

僕の場合、結婚したいとか、パスポートが欲しいとか……、生活上に不便とか不便じゃないとかそういうことじゃなかったんです。

戸籍なんてなくてもぶっちゃけ、生きていけるんです。30歳近くまで生きてこられたわけだから、とりあえず、このまま60歳ぐらいまでは生きられそう。医療費だって自費で払えばなんとかなる。ある程度お金があったら大丈夫なんです。

じゃあ、なんで井戸さんのところに電話したか……。彼女に『保険証もなくてこれからどうするの？』『なんとかしなよ』と言われたことは大きかったとは思いますが、でもそれだけではない。ずっと積もり積もった思いが、あるとき一線を越えさせるんですよね。うまく言えないけど、そんなもんだと思います」

その一線を飛び越えさせるのは「それでも自分が誰か、何者かを知りたい強い思い」なのだろうか。

いや、もしかしたら……。

〝母たち〟から聞いた話を誰よりも疑ってきたのは雅樹自身だったはずだ。

母の名前も養母の名前も、自分の名前すら嘘かもしれない。そもそも母と養母は同じ人かもしれない。雅樹が知っていることは全部嘘で養母の作り話かもしれないのだ。

しかし、あるときに彼は気づいたのだ。

たとえそれが嘘であっても、その嘘は雅樹の「命」を守るための嘘だったのだ、と。

母たちは雅樹の幸せだけを祈って、嘘をつき続けたのかもしれない、と。嘘をつかなければ子どもを育てられない環境とは、どれだけつらいことか。

雅樹は、嘘の中にある真実を知ったのだ。そしてそれを私に伝えたのだ。

「考えても、悩んでも、今回、これだけ皆さんの手を使って調べても、それこそ裁判所やもしかしたら警察だって調べても出てこない自分の過去に執着する必要はないんだなと思いました。精一杯やった。もう、納得。『何もわからない』ということに確信を持てたから」

思いを「名前」に込めて

就籍が無事すんだら、この世から「近藤雅樹」はいなくなる。母たちが守り通した愛しい雅樹は消える。雅樹が過去より今を選んだ結果だ。

だからこそ。

母子をつなぐ唯一の接点、自分たちしか知らない「名前」をここに、この本に残しておきたいという雅樹。

「子どもの誕生した日の天気を母親が忘れないのはなぜなのだろうか」

ふと、その言葉が頭をよぎる。百合の、冬美の母たちと語った言葉を。

晴れた日、雨の日、雪が降った日……雅樹の生まれた日はどんな天気だったのだろうか。

雅樹の〝母たち〟もまた、空を見上げてその日のことを思い出しているのだろうか。

雅樹は初めて会ったときと同じように、すっかり氷が溶けて、水の層ができたアイスコーヒーを飲み干す。

喫茶店の扉を開けて、外に出る。雅樹と握手をする。

「ここまでよくがんばったね。きっと、ハッピーエンドになるね」

私の言葉に雅樹はこくりと小さく頷いて、笑顔で答える。

「はい！　知らせが来たら、すぐに、いの一番でお知らせします」

「待ってるね！」

今日が彼への最後の支援の日であることを、私は確信した。

終章　「さらには……」のその先に

星のない空を見上げて

雨　乞　い

『件名：「29歳、無戸籍です。僕には誕生日が二つあって戸籍が作れません」』

生まれて間もなく母親が失踪、日常的に暴力を振るう父親との暮らしの中で、二つの誕生日を持つことになったという無戸籍男性からの相談だ。


『件名：「美里さん、連絡取れず。大丈夫かしら?」』

先日、妊娠中の女性の弁護をお願いしたばかりの弁護士からだ。

美里はＤＶ夫との離婚ができていないままに、別の男性との間に子どもを授かった。よって子どもはこのままいくと法的にＤＶ夫の子とならざるをえない。それを避けるためにはまず離婚を急がねばならないが、肝心の彼女と連絡がつかなくなり弁護士もかなり心配している。

彼女も、お腹の子も無事だろうか……？


明け方4時。

家族の誰も目覚めていないこの時間帯が、一番集中して作業ができる。

パソコンを開けると、こうした相談メールが必ず数件は入っている。

「いつでも電話くださいね。090-8048……。なんなら今でも大丈夫」

そう打ち込んで返信すると、たいていはすぐさま電話がかかってくる。


みんな眠れないのだ。


街が動き出す時間を待って、神戸市東灘《ひがしなだ》区にある自宅から阪神・淡路大震災で倒れた高速道路の下を通って、車を東に向かわせる。

住所を入れたカーナビは、左に数回折れることを指示し、小さなマンションの前で「目的地が近づきました。案内を終了します」と告げた。そのとき、偶然にも美里がエントランスから出てきた。

「よかった。無事だったのね。連絡が取れなかったから、何かあったんじゃないか、事件になるようなことでも起こってるんじゃないかって、心配して見に来たのよ」

「れ、連絡しようと思っていたんですが……、風邪《かぜ》引いちゃって、携帯も変えて……」

私の突然の訪問に、彼女はとても慌てていた。早口でいろいろ言い訳を重ねる。

「私には耐えられそうもなくて……」

赤ちゃんはすでに彼女のお腹にいなかった。

数日前に中絶手術を受けたのだという。

「そうだったの……」

はっと息を呑むが、心のどこかでほっとしている私がいる。そんな自分に心底幻滅する。しかしそれが、無戸籍児の現状をつぶさに見てきた私の本音でもある。

どんなにきれいごとを言っても、現行の制度下では、無戸籍の人は救われない。

日本の社会がずっと見て見ぬ振りをしてきたもの――「性」「国籍」「出自」「貧困」「搾取」「犯罪」「女性」――。

それらがいくつも重なり合ったところに無戸籍問題は存在するのだ。

あえて言えば、この問題の根っこには、普段、日本人が見たくないもの、語りたくないもの、つまりは「タブー」があると私は思っている。

「性」にまつわること、中でも「女性の性」や「生殖」に関することは、長い間「不浄」や「穢《けが》れ」とされ、秘められ、隠されてきた。

この無戸籍の問題も、「隠すべき性の問題」として、世間から色眼鏡で見られてきた節がある。

無戸籍に陥ってしまうのも、当事者の「愚行の報い」であるとして、本来なら当たり前に行われるべき救済措置や、保障されるべき人権からも切り離されてきた。

結婚という形で世間に認められた「性交渉」は許され、奨励される。

その一方で「離婚」や「未婚」、または婚外での「性交渉」「妊娠」「出産」は、女性として「あるべき形」からの逸脱であり、社会を乱すものだから、絶対に認められないという古色蒼然たる意識。

それこそが民法772条、733条などの法律を下支えし、「離婚後は性交渉させない」「結婚させない」「そこに生まれた子どもに十分な人権を保障しない」と女性に行動規制をかける、差別を生むものなのだ。


秘め、隠し、切り離す。

その「切り離された部分」で何が起こっているのか？

子どもたちがどんな思いをしているのか？

その生々しい現実に切り込み、過酷な現状への理解が深まらない限りは、法律の壁に弾《はじ》き飛ばされた人々を救い上げることはできない。そう信じてここまで私は書いてきた。

とはいえ、一つ一つの事例を詳しくなぞることは、当事者をさらし者にすることになりかねない。

すでにひどく傷ついている人たちに、さらに追いうちをかけるなんてとてもできない。書きながら戸惑い、筆が止まる。そのたびに当事者たちとやりとりを重ね、お互いの覚悟を確かめ合った。


まるで雨乞いだな、と思う。

自分を含む当事者の傷ついた姿を天に捧《ささ》げて祈る。命をつなぐ水の滴《しずく》が落ちてくることを願いながら。

そこには何の保証もない。でも、信じるしかない。「いつかはみんなが助かる」と。

でも中途半端な雨乞いの繰り返しでは、この問題は解決しない。

伝わるように、伝えたい

「山本なつお」

放送されたＮＨＫ『クローズアップ現代』の最後に、ヒロミは新たにできた戸籍に記載された本名を明らかにした。

戸籍が取れた今、ヒロミは本当の名前で生きることを決めたのだった。

誰を恐れることもなく、誰に遠慮をすることもなく、「自分自身を生きる」。

そして私が、テレビには放映されなかった部分、「さらには……」の先を書きたいとなつおに告げたとき、彼はしばらく考えて言った。

「本当のことだから……」

なつおは顔を上げて私をまっすぐ見た。

「伝わるように、伝えたいんです。……書いてください」

語れないこと、知られたくないこと。

それは、誰にだってある。

でも、それを語り始めなければ、伝えたい人――官僚、政治家、自治体職員、学者、「伝統的家族」を守りたいという人々、あるいは他人事《ひとごと》として関心を持たない大多数の日本人――には伝わらないのだ。

そして、何より伝えたい、法の狭間に落ち、あるいは親すら知らず、その因果を一身に受けながら声を出せずに生きている、多くの「無戸籍の日本人」に……。

今夜も無戸籍者との面談を終えてＪＲ山手線に乗る。

巣鴨駅の改札を抜けて、外に出る。

空を見上げてみる。星は一つも出ていない。今にも雨の滴が落ちてきそうだ。

「伝わるように、伝えたい」

私は、その役目を果たせただろうか。

「かつてここにいた『彼ら』にも届きますように……」

橋のたもとで、私はいつものように小さく祈り、歩を速める。

おわりに

本書は、２０１５年「第13回開高健ノンフィクション賞」最終候補作『戸籍のない日本人』を大幅加筆・修正し、改題したものである。

初めて書いた作品が同賞の最終候補作となったことに励まされる一方で、一定の評価をいただいたのは、「無戸籍」というテーマ自体に、衝撃性とともに、大きな社会性があるからだと理解している。

この問題を内包しながら進んできた日本社会はすでにあちこちで綻《ほころ》び、いよいよ限界に近づいている。

「おわりに」をまさに書こうとしているときに、ＬＩＮＥで短いメッセージが入ってきた。就籍を求めていた雅樹からだ。

「却下されました」

本書が出版される頃には「就籍が認められ、戸籍ができてハッピーエンドで終わりたい」という彼の願いは、司法の場ではね返された。

審判書に書かれていた却下理由は以下のようなものだった。

（1）「日本語を流暢《りゅうちょう》に話し、語彙《ごい》も豊富で、初対面の相手であってもコミュニケーションに全く支障がない。また中立人は、陳述書や報告書を自らパソコンを使って作成しており、その内容は項目ごとに整理され、内容もわかりやすく、誤字脱字もほとんど見当たらない。（中略）以上の点からすると、中立人が小学校に2回登校したことがある以外は学校に通ったことがなく、勉強や一般教養については杉原から教えてもらっただけであとは独学とする申立人の供述はおよそ信用しがたい」

（2）「（前略）少なくとも、中立人が乳幼児の頃に、中立人を保育園等に預けることなく、ひとりアパートに残して長時間働きに出ることはおよそ困難であり（育児放棄でもある）、そうした場合には、何らかのきっかけで周囲の知るところになり、児童相談所等による指導・介入を受けることが通常である。中立人は、2回だけではあるが小学校に登校しており、また転居もしていないというのであるから、その後も児童相談所等による指導・介入を受けることなく、全く学校に行かないまま義務教育の期間を経過したというのは不自然である」

大阪での記憶が曖昧だったりする点も指摘はされていたが、まずもって書かれていたこれらの文言に脱力する。

「学校に行っていない無戸籍者は語彙も少ないはず」
「パソコンも打てないだろう」

これを書いた裁判官の偏見が垣間見える。まったくもって実情が理解されていない。学校教育を受けた人よりむしろ、漢字も知っている、計算もできる冬美や百合を知っていたら、この裁判官は同じ審判書を書いただろうか。雅樹の言葉を「信用しがたい」と言えただろうか。

私が携わった1000件以上の無戸籍相談では、児童相談所が関わったケースなど1件もない。ゼロ、皆無。その事実を知っていたら、雅樹が育った状況を「不自然」と断じることができただろうか。

裁判官が「信用しがたい」「不自然である」としたことが「当たり前」に起こっているのが無戸籍問題であり、拒絶され続けてきたのが無戸籍者たちなのだ。

雅樹はすぐさま即時抗告をした。

「自分は誰なのか」を証明する術すら持たない子どもたち。雅樹のようになんとか生き延びても、その先に待っているのは国や社会からの「拒絶」であるならば、彼らはどうしたらよいのだろうか。

雅樹が「近藤雅樹」でないというなら、いったい彼は誰なのかを教えてほしい。

2015年11月初旬、私はさまざまな思いを抱えながら、最高裁判所が初の憲法判断をすると言われる再婚禁止期間、選択的夫婦別姓の大法廷での口頭弁論を聞くために建物の中に入った。無戸籍問題を生む民法772条ともリンクする、結婚と離婚に関する民法が問われる場だ。

大法廷に向かう手前のホールには「正義」と題された像が置かれている。これはギリシャ神話に出てくる法の女神テミスに由来するといわれ、右手には正邪を断ずる剣を掲げ、左手には衡平を表す天秤《てんびん》を持っている。

テミスにはこのほかに、もう一つ大きな特徴がある。「目隠しをしている」のだ。目に見える表面的なことに惑わされずに、私見を排し、客観的事実を判断するためといわれるが、なぜか、日本の最高裁判所に置かれた像は目隠しをしていない。目隠しなど不要な、より高い人格と倫理観を持った人々がここにいる、ということなのだろうか。向かいには幼い子どもたちと鳩の像がありテミス像を注視しているように見える。その姿が私が支援してきた無戸籍者たちに重なった。

「最後の支援の日」と確信したはずなのに、雅樹の闘いは続いていく。

春が来そうで、来ない。

しかし、必ずしも私は悲観していない。

無戸籍者を巡る状況がどんどん変わってきていることも、体感しているからである。

2015年6月には法務省が省内で、無戸籍者問題解消のための認識を共有化、連携を深めるため、民事局、人権擁護局、司法法制部からなる「無戸籍者ゼロタスクフォース」を立ち上げた。さらに、日本弁護士連合会とも協議を開始、2015年11月には日弁連・各弁護士会による「全国一斉無戸籍ホットライン」が実施された。

兵庫県明石《あかし》市や滋賀県をはじめとした自治体も専門相談窓口を設置するなど、より積極的に支援を行うようにもなってきた。「湘南《しょうなん》で無戸籍を支援する会」など地域のボランティア団体も立ち上がっている。

こうして今、周りを見渡すとなんとも心強いメンバーがそろっているではないか。このような状況になるとは私がこの問題に打《ぶ》ち当たった13年前にはまったく考えられなかったことを思うと、やはり活動して来てよかったなと思う。

南裕史弁護士、南和行弁護士、山下敏雅弁護士、そして高取由弥子弁護士をはじめとする「無戸籍問題を考える若手弁護士の会」など、協力いただいている専門家については巻末に記載させていただいた。

ここに記した専門家や団体は無戸籍問題のみならず、家族の問題などでも親身になって相談を受け、そして必ずや良い結論に導く力を持っている、信頼に足る人々だ。悩んでいる方々は大いに頼ってもらいたい。

私は本書を、私のもとに集った1000人以上の無戸籍当事者たち、一人ひとりの顔を思い浮かべながら書いた。出会った全ての無戸籍者とそのご家族に感謝したい。

折に触れて、棚村政行早稲田大学大学院法務研究科教授、二宮周平立命館大学法科大学院教授、水野紀子東北大学法学部教授には直接・間接にお世話になっている。

私の本人訴訟や多くの当事者が調停・裁判で闘う上で、理論的後ろ盾となっているのは先生方の論文である。

「知力とは人を救う力である」ということをつくづくと感じる。

また「招かれざる客」である私に対して心広く受け入れてくださった長勢甚遠元法務大臣、具体的無戸籍事案に対しても、意見書提出など弁護士としても多大な協力をいただいている早川忠孝元衆議院議員には特に感謝をしている。

本文でも紹介した通り、毎日新聞で工藤哲記者と照山哲史デスクが取り上げる前までは「無戸籍問題」は社会問題としては捉えられていなかった。その詳細は『離婚後300日問題　無戸籍児を救え！』(毎日新聞社会部著、明石書店) に詳しい。本書とともに読んでいただければ、より深くこの問題をご理解いただけると思う。

それから7年後の2014年、より深刻化した成人無戸籍者たちの問題を取り上げ、この問題に再び光を当てたのはNHKの上田真理子記者、福田和代チーフプロデューサーのお二人だ。

上田記者は2007年当時からこの問題と関わり、長期にわたって丁寧な取材と報道をし続けてくれている。2014年からは福田和代チーフプロデューサーが加わり、その卓抜した洞察力と行動力には何度も助けられた。また、本書に登場する当事者たちが心を開き、リスクを承知で真実を語ってくれたのは、お二人への信頼があってのことだ。「『クローズアップ現代』〈戸籍のない子どもたち〉など無戸籍者に関する一連の報道」は2015年の「貧困ジャーナリズム賞」を受賞した。

この受賞はこのお二人、そして天川恵美子チーフプロデューサー、私の4人の連名であった。ともに受賞させていただいたことには格別の思いがある。

この本はいつも私の「最初の読者」として貴重な助言をいただいている中安礼子氏、

高橋扶美氏のアドバイスなしには完成しえなかった。彼女たちは特に苦しいときこそ、私の側《そば》に来て励ましてくれる、真の友人でもある。

そして集英社ビジネス書編集長・藤井真也氏に心から感謝したい。最初から最後まで藤井氏にはお世話になりっぱなしだ。

ともに歩む「民法772条による無戸籍児家族の会」の柴田ゆかり氏、早田佳代氏、川村美奈氏の献身と、海老名健太朗氏の貢献にも改めて御礼《おれい》を。

支え続けてくれている夫・井戸智樹と子どもたち、姫路、仙台の家族にも感謝したい。こうして多くの人々に支えられながら、ようやく世に問うことができた『無戸籍の日本人』が無戸籍問題のみならず「法の狭間に落ち、苦しんでいる全ての人々に光を当てる」ことにつながることを願いたい。

本書が書店に並ぶころには「再婚禁止規定」「夫婦別姓」についての最高裁判所判断が出ているはずだ。「正義」が示されることを信じ、今まで動かなかった民法の重い歯車を前に進めるきっかけになることを切に期待している。

２０１５年11月

「無戸籍児の母」となった日から14年目を迎えて

井戸まさえ

文庫化にあたって

『無戸籍の日本人』が世に出されて2年が経つ。読者の皆さんからの温かい励ましをいただきながら、この度、集英社文庫に加えられることを心から嬉《うれ》しく思う。

この期間を「もう2年」と感じるか「まだ2年」と感じるか。時の重さを私以上に感じているのは、この本に登場した無戸籍当事者であろう。第6章で記した彼らの「今」は着実に時を刻みながら、さらに前へと進んでいる。

私の相談者のうち、最も長い期間解決がつかなかった春香。無戸籍のまま婚姻。「死後認知裁判」で勝訴し、ようやく実父の子となったが、その後「氏」の問題が起こり、出生届が出せず、戸籍を得ることができない状態となっていたのは本文に書いた通りだ。

転機は思いもかけず、突然やってきた。

たまたま法務省民事局第一課に別件の相談のために掛けた一本の電話。対比のために、春香の話となった。

私が「無戸籍者が婚姻をする。その後、父が確定しても、旧姓はDV夫の氏のまま。おかしいですよね？」と状況を説明すると、意外な答えが返ってきた。

「できると思います、実父の氏に」

「はい？　このケースで？　裁判所も役所もできないって言ったのですが」

「いや、できるかと」

法務省の担当者は躊躇《ちゅうちょ》なくそう言い、実際、ほどなく春香が望む「前夫の氏を訂正し、実父の氏にした戸籍」が編成されることとなった。

裁判所では逆の説明、つまりは「できない」といわれていたのに。だからこそ、彼女は法改正を待つ決断をし、判決確定から3年の月日を黄ばんだ出生届を握りしめながら、誰に向かっても届かない「なぜ」を問い続けて来たのだ。

それまでのことが「一切なかった」かのように、あっさりと戸籍はできあがった。

春香に戸籍ができたことを機に、夫婦は現在住む地へと本籍地を変えようとしていた。転籍すれば、今戸籍に書かれているさまざまな事項は表面的には消えて、すっきりする。

春香からメッセージが来た。

「なんだか凄《すご》くさみしい気がします。

ぐちゃぐちゃな記載がたくさん詰まった夫と私の戸籍ですが、全ては勲章みたいなものなので、今となっては転籍してしまえば、消えてしまうので、なんだか変な感覚にさえ陥ります。

新しい歴史の始まり、とても嬉しいですが、無戸籍が解消されたのは40代となってしまっていて、今から出来ることはあっても、歳だけは巻き戻せないな～（＞＜）」

親子二代の無戸籍者として私のところに相談に来たとき、子どもたちは2歳と3歳だった。来春には下の子も中学生になるという。

たらい回し、誤った説明、指導。苦労の多くは「しなくてもよいもの」ではなかったのか。

「歳だけは巻き戻せない」という春香の無念は、誰が受けとめてくれるのだろう。

「戸籍」ができて終わりではない。彼女たちは生涯「無戸籍」を背負っていくのだ。

「思いもかけないこと」は冬美と百合にも起こっていた。

真っ白だった履歴書に書き込める「学歴」ができたのだ。

２０１５年3月、国会で行われた「無戸籍問題を考える議員連盟」の設立総会に出席した二人は、義務教育を受けることができなかった経験を話した。その席に文部科学省の若い官僚がいた。私の隣の席で、彼女たちの話を聞いていたその官僚が幾度となく拳を固く握りしめるのを、小さな振動の伝わりで私は感じ取っていた。

翌年２０１６年6月、その彼から突然連絡がきた。

「小学校に行ってなくとも、中学校に行けるようになります。もちろん、卒業もできます。彼女たち、学校に通いませんか?」

同月、文部科学省は無戸籍、居所不明、長期間の不登校等の「特別な事情」で小学校に通えなかった未修了者でも、中学入学を認めるよう都道府県教育委員会等の関係先に通知を出したのだ。

さらに翌月には「無戸籍の学齢児童・生徒の就学の徹底及びきめ細かな支援の充実について」という通知を出して、対応の徹底を求めた。

これらによって百合と冬美はそれぞれが住む地域の中学校に、中学3年生として「編入」することとなった。

「セーラー服はどうします？　申し込まれますか？」

冬美の担当となった職員は、遠慮がちにこう聞いた。一度も就学したことのない冬美に制服へのあこがれがあるのではないかと慮《おもんぱか》り、できることなら着せてあげたいとも思ったのだろう。

「もちろん丁寧にお断りしましたよ。この年でセーラー服じゃ、コスプレになりますから」

冬美はその時を思い出しながらケラケラと笑った。何より、微妙にズレてはいたものの、先生たちの配慮が嬉しそうだった。

彼女たちの授業は、図書室などの特別教室等で、個別指導という形で行われた。

百合は社会の時間、何を学びたいか？　と聞かれて「日本国憲法」と答えた。「みんなが『憲法』、『憲法』と言うけれども、それが何なのか知りたかったから」

「勉強してみてどう？　『憲法』ってどんなものだった？」

そう聞くと、彼女はこう答えた。

「学ぶって、『権利』でもあったんだなって。それがなかった自分は、やっぱり『国民』ではなかったんだなと」

通っている中学校の音楽コンクールも、体育祭も保護者に紛れて見学した。「感動しました。涙が出てきちゃって。学校の行事を知らないで育ったから、みんなで何かをするって、すごい。子どもが経験する前に知ることができてよかったです」

20歳程年の差のある「同級生」の卒業式も親の席に座って見ていた。式典の終了後に、校長室で百合だけのための卒業式が行われた。百合に関わったほぼ全ての教師が臨席した。

「卒業証書　田村百合　昭和五七年二月二七日生　右は中学校の全課程を修め卒業したことを証する」

ようやく、手にした卒業証書。

学ぶことが、どうしてこんなに遠かったのだろう。

「よくがんばりました」

百合が人生で初めて出会った「先生」と呼べる人たちは、次々に百合を抱きしめ、手を取り「教え子」を労《ねぎら》った。

こうして中学卒業の資格を得た彼女たちは新たな歩みを始めている。

冬美は公立高校に進学した。働きながら通える単位制の高校を選んだ。4年かかるが、卒業した後は大学に進学することも考えている。

百合は日本司法書士会連合会の支援も受けながら、専門学校に通い始めた。司法書士になる。試験は並大抵の努力では越えられないことはわかっている。しかし、まずは一歩を踏み出した。その機会さえ奪われていた過去からの脱出は、一人ではできなかった。日本司法書士会連合会の小澤吉徳氏、森田みさ氏、LEC東京リーガルマインドの皆さんには、改めて感謝申し上げたい。


近藤雅樹。桜悠聖。

彼の就籍の訴えは、最高裁まで争われた。丸1年、音沙汰がないまま放置された後、就籍の訴えは退けられた。結果、この二つの名前はいまだに存在し続けている。

最高裁の判断を待ち続ける日々は緊張を強い、精神的にもいっぱいいっぱいになっていた。良い結果だったらまだしも、そうでないならば、もっと早くに知らせてほしいというのが本音だ。

彼が戸籍を得るためには、また新たな「就籍」の申し立てを一からしなければならない。つまりは延々と許可が下りるまで、何度も何度も訴えを起こし続けなければならないのだ。

雅樹から「戸籍を取るための手続きからしばらく離れたい」という内容の短いメッセージが来たのは結果が出てからしばらくしてからだった。

実らない努力を強要される苦痛。しかもそれ相応の時間とコストがかかる。まるで奴隷のようではないか。

私は、励ましの言葉をかけることもできず、「またその気になったら連絡して」と返信をした。

ちょうどこの文章を書いていたら、久しぶりに連絡が入った。５カ月ぶりか。新しい生活を始めてみようと思う、ということだった。「おめでとう！」と返信したら、「無条件でそう言ってもらって本当に嬉しい」と返事がきた。

これだけ過酷な中で、そういう気持ちになったことだけでもどれだけ大変なことか。二つの名前を行き来しながら生きる人生から脱する日が来るまで、支え続けたいと思う。

当事者たちの生活が変わる一方で、無戸籍問題解決には不可欠である法改正をとりまく状況や、それを促す司法判断等では厳しい状況が続いている。

２０１５年12月16日には、最高裁大法廷（裁判長・寺田逸郎長官）で夫婦別姓と、女性だけに離婚後6カ月間の再婚禁止期間を定めた民法の規定（750条、733条）は違憲であるとして争われた裁判への言い渡しが行われた。これまでの判断が覆るのでは、と期待されながらも、夫婦別姓に関しては「夫婦同姓規定には合理性があり合憲」。再婚禁止期間についても「違憲」との判断は出たものの、「100日を超えて再婚を禁じるのは過剰な制約で違憲」としたのみで、変化の角度はごく小さなものであった。

再婚禁止期間については離婚後生まれた子も元の夫の子とする、現行の民法772条の「300日規定」から、結婚後でも夫の子と認めない「200日規定」を引いた100日以内の部分について「合憲」としているが、子どもの父を科学的に判定できる今、明治時代の民法に依拠する「数合わせ」の引き算には合理的な意味がない。さらにこの判断は、2007年に寺田逸郎裁判長自身が、民事局長在職時に出した「離婚後懐胎についてては医師の証明書の提出で事実上前夫の推定を外す」という通達は考慮しないという、自己矛盾を抱えた内容となっている。

この結果を踏まえ、2016年6月に法改正は行われたものの、判決通りに6カ月が100日に短縮されただけで、無戸籍問題は放置された。

また、このあとがきを脱稿する直前の2017年11月には、神戸地裁で夫にのみ認められた嫡出否認権（民法774条）が女性に与えられていないのは違憲であるとの訴えが行われたが、神戸地裁はこれを却下した。理由は、たとえ妻に嫡出否認権を与えても、現状ではＤＶ被害者たちはこの権利を行使できない。よって、夫である男性のみに限った７７４条は違憲ではないという、なんとも理解し難いものだった。

その法律に実効性があるかないかは、この際に司法が判断することではない。現に存在する法律が憲法に定める男女平等の原則に照らして、それを担保できているか否か、ということを判断するべきだ。女性の「嫡出否認権」行使を補助し、支える法律がないから、男性だけの「嫡出否認権」は合憲だというのは、そもそも論理破綻だ。問われた法律自体ではなく、別の補助的法律さえあれば「違憲」という判断となるならば、本末転倒である。

残念ながら、私たちはもうしばらく、19世紀の法律で生きなければならない。


さて、『無戸籍の日本人』の発刊は私にも「思いがけない変化」をもたらした。読者からさまざまな励ましの声をいただいたことは冒頭に書いた通りだが、そこでさらにさまざまな理由で「無戸籍の日本人」となった人々と出会うことになる。

戦争でほぼ全ての戸籍が焼失、混乱の中で「別の誰かの戸籍」で生きなければならなくなった沖縄の戦争孤児。国境線が変わり、本籍地がなくなった旧樺太、サハリンからの引揚者や、今もサハリンに残る在留邦人やその家族。彼らはまぎれもなく「無戸籍の日本人」たちなのだ。

現地に赴き、彼ら、彼女たちの声を聞く中で、今までのように民法772条に特化しながら支援活動や法改正に向けての制度設計をするだけでは不十分だということを思い知らされた。

また、2011年の東日本大震災の津波による被害で戸籍の原本が流出した南三陸町はじめ4市町のケースを検証する中で、戸籍管理の脆弱性《ぜいじゃくせい》についても考えざるを得なくなる。サイバーテロ等も含めて、明日、私たちの戸籍が一瞬にして失われ、誰もが「無戸籍」となる危険を抱えているのだ。

2016年9月には民主党代表（当時）となった蓮舫氏の二重国籍問題が起こった。2017年にはそれに伴う「戸籍開示」についても議論となる。また、戸籍を持たない女性皇族の婚姻等も含めて「戸籍」を巡る話題が、たびたび取り沙汰された。一連の反応により、日本人にとっての戸籍の役割は、単なる登録制度ではないということが改めて可視化されたとも言える。

そうした中で、『戸籍と無戸籍――「日本人」の輪郭』（人文書院）の著者となる早稲田大学台湾研究所非常勤次席研究員・遠藤正敬氏と出会った。氏は大きな示唆を与えてくれるとともに、私に、「無戸籍問題」の本丸でもある「戸籍制度」そのものと向き合わなければならないという覚悟を促した。

その思いの発露のひとつとして、2017年10月『日本の無戸籍者』（岩波新書）を出版した。戸籍の発祥とともに生み出された「無戸籍の日本人」は、１３００年余り、どんな旅路を経て今に至るのか。こちらも、ご一読いただければ幸いである。

ノンフィクションという形態をとった本書『無戸籍の日本人』は、映画『誰も知らない』のモチーフとなった「巣鴨子ども置き去り事件」の子どもたちと母親への思いで始まり、終わっている。

たぶん、届かない。それはわかっている。それでも書かずにいられない。「私たちも同じ思いでここにいる」、ただそれだけを伝えたい、そんな気持ちだった。

文庫化にあたって、解説を誰にお願いしたらよいかを相談したときに、即座に是枝裕和監督の名前を上げさせていただいた。

「文字」にする、「映像」にする。その手法は違っても、この問題を通して「伝わるように伝えたい」内容は共通するのではないかという思いからだった。

映画の撮影の予定を調整して、対談に応じて下さった是枝監督は「責任」という言葉を使った。映画を撮り終えても、生み出した側は撮った映画、出演した俳優たち、スタッフ――、全てに対して責任があるのだ、と。

映画『誰も知らない』では自由奔放な、「はすっぱ」とも思える役を、俳優ＹＯＵ氏が見事に演じ切っている。しかし、私が調べた資料の中では、この事件の母親像はむしろ地味で真面目で、こうした大それた事件に発展するようなことを起こすような女性ではなかった。そして、私の支援してきた母親たちも、多くは後者に重なる部分が多かった。

なぜ、母親像を実際とは少しずらして描いたのか、というところが実は最も聞きたいところだった。

「誰かを悪者にしたくなかった」

ああ、わかる。是枝監督の言葉に、思わずそう頷《うなず》く。

そこが、私も本書を書きながら一番難しいと思ったところだ。ごく一般的な、真面目な母親たちの姿を書くことは、一歩間違えると、等身大の彼女たちよりも肥大した悪者のレッテルを一方的に押し付けてしまうことにもなる。世の中の「鬼母」のイメージと乖離《かいり》をさせることは、逆に同情や共感を呼ばないのだ。むしろ攻撃の対象となってしまう危険性さえある。

フィクションの強みはそこにある。母、子、気づかない周りの大人たち……誰かを悪者にしないことで、逆に真実は際立っていくのだ。

そして、監督がもうひとつ付け加えたのは、「家族が楽しい時間を共有していたということを表現したかった」ということだった。

あの悲惨な子どもたちの人生にも、愛溢《あふ》れる瞬間があり、笑いがあり、「家族の団らん」があったことを伝えたい。YOU氏が作り出す一種独特の世界は、そのまま現実との境目を越えさせる。子どもたちとのクスッとした、ニヤッとしたやり取りや、肌のふれあいの中で生み出される親子の、兄弟姉妹が作り出す「家族」のリアル。

この延長上に、私が出会った無戸籍者たちもいる。

過酷な暮らしの中で、早く大人になることを要求され、当然あるはずの誰かに守られた子ども時代を過ごすことができない子どもたちは、何を支えに今まで生きてこられたのだろうか。私が彼らの中に見たのも、ほんの一瞬かもしれないが「確かに存在した」母親や兄弟との「楽しい時間」なのだ。過酷な時間がどれほど多くとも、彼らはその身体の中に刻まれた体験を反芻《はんすう》して生きていくのだ。

『誰も知らない』を観《み》かえして、『無戸籍の日本人』で書き留めた言葉と全く同じ台詞《せりふ》が何カ所かあって驚かされた。時系列的に言えば、当然ながら『誰も知らない』の方が先だ。もちろん、私の相談者たちが映画を観て言葉を発したわけではないのに、重なる。そこにあるのは「切実」なのだ。

そうしたことを、この対談の中で読み取っていただければ幸いである。

集英社の出島みおり氏には文庫化の企画段階からお支えをいただいた。是枝裕和監督との対談を含めて、多大なご尽力に感謝申し上げたい。

また、是枝監督との出会いはふたりの「上田さん」が導いてくれたものであることを対談後に知った。

本文中にも紹介されているNHKの上田真理子氏、そして東京女子大学の先輩・上田未知子氏だ。

人生の一時期に活動をともにした方々と是枝監督がつながっていたことは、それこそ「思いもかけない」ことだった。

点だと思った出来事が、細い糸の先端であること。その糸を辿《たど》ると自分の過去の欠片《かけら》が掬《すく》い上げられていくような不思議な感覚。まるで、この日が来ることを誰かが知っていたかのように。

「誰も知らない」。英題は「Nobody Knows」だ。

「英語の時間、語尾にsをつけるか、つけないかで、さんざん解いた例題ですよね」と是枝監督に言ったら、苦笑いされた。

周りにも気づかれず、認められず、自分でさえ誰だかわからない。まさに「Nobody Knows」。

でも、本当は、「今、ここに、確かに存在する彼ら」を、産んだ母、母と情を交わした父、近所のコンビニのレジのおじさん……「誰か」は知っているのだ、必ず。

but ……

私は「Nobody Knows」の後に薄い、消えそうな文字を読む。

……but Somebody Knows.

ふとしたきっかけで、今まで見えなかった透明な糸に光があたって、銀色に輝く一本の線が現れる時がある。

心もとなく、次の瞬間まるで幻だったかのように消えて見えなくなるのは、この透明な存在は自らだけでは発光することができないからだ。

「偶然」とか「神さま」とかそんな大げさなものでなくとも、透明な糸に光を注ぐのは、彼らを「知っている」もしくは、「『知っている』ことも『知らない』」Somebodyなのである。

意識的にせよ、そうでなくても、Somebody、「誰か」という存在の加減こそが、細い、切れそうな糸を際立たせ、新たなつながりをもたらし、また誰かへとつなげていくのだ。

Nobody Knows, but Somebody Knows.

この本を手にした読者の皆さんこそSomebodyだと、私は確信している。

２０１７年12月

井戸まさえ

特別対談

是枝裕和×井戸まさえ

血縁を超えたつながり、血縁へのこだわり

是枝　当事者の一人として無戸籍の問題を引き受け、実際に動かれている井戸さんが書いているという強さを、この本の随所から感じました。まず、そこが凄《すご》いなと思ったんです。

井戸　ありがとうございます。

是枝　さらに、出てくる人たちがみな魅力的に描かれていて、とてもよかった。何人か印象に残っている方がいるんですが、例えば雅樹君。

井戸　ホストで生計を立てている無戸籍者ですね。父親はどこにいるかわからず、母親は生まれてすぐに亡くなったと聞かされて、雅樹は育ちました。

是枝　彼にとって、養母である杉原知子さんの存在はすごく大きいだろうなと思いました。実際はどうだったのかはわかりませんが、血縁のない、母の友人である杉原さんが引き取って育てた、その関係があったから、雅樹君はちゃんと生きてこられたんじゃないかなと。というのは僕は次の映画で、血縁を超えた共同体がどう実現できるかを考えているんですね。血縁を超えた共同体にどういう可能性があるのかを、とりわけここ数十年間、日本はあまり考えてこなかったと思っているから。

井戸　わかります。

是枝　もともと日本には、血縁に閉じていない支え合いの形がおそらく存在したと思う

んです。ところが、東日本大震災が起きたとき、絆《きずな》という言葉が安易に使われて、結果的に家族が大事だよね、という流れを加速させた気がしています。血縁を超えてどう支え合うか、という方向には向かわず、家族に収斂《しゅうれん》したことで、むしろ閉じてしまったという印象を僕は強く持ったんです。そんな中で、杉原さんのあり方は、ある種美しいと思ったし、可能性を感じる存在でした。

井戸　血縁を超える何かがあるのではないかというのは、私も思います。無戸籍の活動とは別に、私は特別養子縁組の支援もしているのですが、毎年、養子縁組をした親子が集まる会に参加するんですね。そうすると、この子はこのお父さんとお母さんの子だなと、どの家族も、すぐにわかるんですよ。神様ってすごいなあと思う。天の配剤って本当にあるんだなあと感心するくらい、血縁はなくても家族になってるんですね。ただ、雅樹の場合は、杉原さんを、本当の母親だったんじゃないかと今でも思っている……。

是枝　ええ、そうなんでしょうね。

井戸　彼らは国に認めてもらわないと戸籍ができない。ただ、国に認めてもらう以上に、自分の存在を誰かに認められたいという思いがあるんです。そしてその誰かに、やはり血縁を求めるところがあります。血縁的なものに縛られているというか。複雑です。

是枝　それもわかります。血縁のない家族を形成していくのが「横」のつながりだとしたら、血縁は「縦」のつながり。アイデンティティの確認のために、人はどうしても

「縦」の関係を求めようとする。僕にもそういう時期がありました。父親の先祖をたどって、自分がどこから来てどこへ行くのかを考えたりしたんです。だから、「血より、共に過ごした時間のほうが重い」とは、自分の感覚としても言い切れないし、一般的にもそうなんだろうと思います。とはいえ、人が縦の関係を求めるものだとしても、親との関係をプラスに転じられる人ばかりではないんですよね。

井戸　そこがまた難しいんです。

是枝　この本に出てくるように、こじらせた親子関係というのは少なくないんだろうなと。そんなとき、血縁以外の人間が周りにいるかどうかが人生の明暗を分けると、読んでいてすごく感じましたね。この本には、社会の側は何ができるかという目線がちゃんとあるんです。無戸籍者の家族の事情は、ある意味でそれぞれに悲惨ではあるんだけれど、そこに閉じてない、外に開いている本だと思いました。

井戸　他に監督が印象に残った子はいましたか？

是枝　冬美さんですね。

これえだ・ひろかず
1962年、東京生まれ。映画監督、テレビディレクター。制作者集団「分福」代表。2004年『誰も知らない』でカンヌ国際映画祭最優秀男優賞受賞。13年『そして父になる』で同映画祭コンペティション部門審査員賞受賞。国内外で高いリスペクトを集める。

井戸　32歳まで無戸籍で、小学校にも中学校にも通っていなかった子です。

是枝　学校に行っていないことが周囲にバレないように、ランドセルを買ってもらうエピソードが出てきて、あ、僕の映画『誰も知らない』と同じだと思ったんです。一方、後半に明らかになる母親と冬美の祖母の関係は壮絶で、今村昌平の映画のようだなとも。そういう現実を背負ってしまった彼女の人生を思うと考え込んでしまいますね。

　ちょっと話は変わりますが、僕、ここに出てくる貝柱のご飯の話、好きなんですよ。

井戸　貝柱ご飯！（笑）。私が冬美の家でご馳走《ちそう》になったものですね。

是枝　喫茶店のスティックシュガーを持って帰る話も好きです。

井戸　それは百合のお母さん。

是枝　映像を浮かべながら読んでいるので、そういうディテールの描写に出会うと、彼女たちがぐっと立ち上がってきます。

井戸　ありがとうございます。私は当事者でもあるので、彼女、彼らにどうしても感情移入するところはあるんですが、書く際にはなるべくそれを排除して、事実を伝えるために淡々と書きたいと思っているんです。それでも、生活のにおいや手触りを届けたいと思う場面はあって、そこを見つけていただいたのはとても嬉《うれ》しいです。

　この本の冒頭で是枝監督の『誰も知らない』に触れているのですが、監督は、家族にこだわって映画を作られてきましたよね。私がこの本で書きたかったことの一つは、家族って何だろうということだったんです。監督はなぜ家族を描かれるのでしょうか。

是枝　それがですね……、自分でもよくわからない（笑）。家族の作家だと自分で決めているわけではないんです。一つ言えるのは、最初に撮ろうと思ったのが『誰も知らない』だった。脚本を書いたのは一九八九年で、あの映画でデビューしようと思っていたんです。結果的に公開までに十五年かかってしまったわけですが。

井戸　しかも近年の映画『海街diary』も『そして父になる』もそうですが、いわゆる普通の家族ではない家族を撮られていますよね。いびつな家族が当たり前、という感覚がおありなのでしょうか？

是枝　最初から普通ではない家族を撮っていたものの、何かがわかってやっていたわけではないんです。ただ、子供を持ったときに、初めて気づいたことがあります。僕は父が亡くなった後に結婚したんですね。で、母が亡くなってから父になった。亡くなった父に代わるように、自分がそのポジションに付きました。自分が息子という立場だったときは、父親になるなんて想像もしていなかった。両親が亡くなっていなかったら、結婚さえしていなかったと思う。それが、親がいなくなったら、今度はその役割を自分が担うことになり、自分の中に父性なんてまったくないと思っていたのに、子供に手を引っ張られると、そんなことを言っている場合ではなくなってしまった（笑）。つまり、家族という共同体はこうして新陳代謝を繰り返し、次の世代に渡していく〝器〟なんだなと、すごく納得したんですね。父が亡くなったという現実はそのままですが、家族の中の欠損や欠如を、必ずしもマイナスとしてではなく、別の何かで埋めるための開かれた可能性と捉えたなら、家族という器は動的になる。家族を固定したものと考えなくてもいいんだということに、子供を持って初めて自覚的になったという感じがしています。

見えていないものを可視化していくのがメディアの役割

井戸　監督は戸籍制度についてはどうお考えですか?

是枝　本に書かれている就籍のプロセスを読むと、無戸籍者が役所をたらいまわしにされるなど、絵に描いたような〝お役所仕事〟の場面が出てきて、いたたまれない気持ちになりました。少なくとも、住民票だけで十分なサービスが受けられるようになればいいと思いますね。でも、戸籍制度もそうだし、夫婦別姓もそうだけど、結婚して相手の戸籍や苗字《みょうじ》が変わることをある種の喜びとして語る男性はいますよね。

井戸　女性の側にもいますね。

是枝　それを感じるのは自由だけれど、他人に強要しないでほ

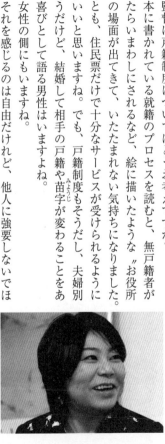

しいな、と思う。

井戸　結局、戸籍というのは登録制度として不完全なものだから、住民票ができて、さらにマイナンバーができているわけですが、それでも戸籍が残っているのは、家族を語るとか、先祖を辿《たど》るとか、自分が何者かというアイデンティティの問題と関わってくるからだと思います。でも、他にこういう国ってあまりないんです。多くの国では登録制度は登録制度で、自分や家族の歴史は自分たちで語り継ぐものと、分けて考えられているから。実際、日本でも、戸籍謄本をとることもなければ、見たことのある人もほとんどいないですよね。監督は自分の戸籍謄本をとられたことはありますか？

是枝　両親が亡くなったときにとりました。その時、初めて見たんです。台湾で生まれた父の出生地が載っていて、台湾に行ったときに訪ねてみました。旧日本人街で、もう何も残っていませんでしたが、個人史のレベルで言えば、戸籍は、こうやって何かを考えるきっかけになるといういい側面もあるのだろうと思います。ただ、いま、国家的な価値観に個人の考えが飲み込まれていくような状況の中で、あるべき日本人像や家族像を画一化するために、戸籍制度や婚姻制度が利用されているところがあるとこの本を読んで感じました。最近の日本社会はどうも画一化の方向へ引っ張られていますよね。だから、どうしたらその流れを押しとどめられるか、重心をずらしていけるかを、メディアに関わる人間の一人として、僕なりに考えていかなければならないと思います。

井戸　戸籍を考えることは国家を考えることだと私は思っているんですね。不思議なのは、日本人は戸籍に対するこだわりが強いわりには、自分で管理しないんです。それだけ国家を信頼しているのかもしれませんが、信頼と依存って表裏一体なのかもしれない。実は東日本大震災のとき、戸籍の原本が流されてしまい、かろうじて副本が残っていたという地域があったんです。そのくらい脆弱《ぜいじゃく》な制度にもかかわらず、自分で管理しようとは思わない。不思議だなあと。いずれにしろ戸籍は制度として考えなければならない問題であり、だから私はこの本で、具体的な個人を悪者には書きたくなかったんですね。

是枝　その目線の優しさは十分に伝わると思います。

井戸　特に無戸籍者のお母さんたちを悪者にしたくはなかった。一方で、親の因果によって重荷を背負ってしまった子からはそれらを取り除いてやることが大事で、それは本来、私たちが国に期待する役割の一つだと思うのですが、現状はできていない。では私が少しでもその穴を埋められたらと動いているわけですが、そのためには、多くの人にこうした問題があることを知り、理解してもらわないといけないんですね。

とはいえ、ノンフィクションでできることは限られているとも感じています。知ってもらうためには一人ひとりの人生を晒《さら》さなければならず、それは彼らにとって大変エネルギーの必要なことだから。インタビューに答えてもらうだけで、彼らは繰り返し傷つくんです。その点に対しての躊躇《ちゅうちょ》もありました。だから、フィクションの力は凄いなと思うし、うらやましいとも思うんです。

是枝　そうですね。やはりフィクションだからできることというのはあるんでしょうね。ただ僕はフィクション、ノンフィクションに関係なく、そこにあるのに見えていないものを可視化することが、作品の大きな役割だろうと考えているんです。僕自身は社会的な役割を果たすために映画を作っているわけではないので、こういう言い方をするとちょっと後ろめたい気持ちはあるのだけれど、本であれテレビであれ映画であれ、メディアは見えないものを顕在化する役割を担わなければいけない。これは井戸さんのこの本を読んで改めて教えられたことです。

井戸　この対談を引き受けてくださったとき、監督はどういうお気持ちでしたか？『誰も知らない』を撮られた責任みたいなものを感じていらっしゃるのかなと想像したのですが。

是枝　それはあります。あの映画の反応を受け止めて、また投げ返すという繰り返しを長年行ってきて、それは今でも続いていますから。本の冒頭で僕の映画に触れていただいたのも嬉しかったし。でも何より、この本がよかったからですね。これから作ろうとしている作品のヒントが山ほどありました。

井戸　次作は、冒頭でお話に出た、血縁のない家族をテーマにした映画でしょうか？

是枝　まずはその作品ですね。僕自身、家族を撮り続けながらも、年齢を重ね、親を失い、父親になることで、自分の中の視点の変化を感じるようになっています。これからはそういう変化や成熟、あるいは老いに向き合った上で、それをどう反映させるのか、乗り越えるのかを意識的にやっていくしかないんでしょうね。自分の実感だけに閉じてしまうと、作品は強いものにはならないから。自分の体験をベースにしながらも、それをどう普遍化していくか、外に開いていくかを、考えていきたいです。

井戸さんはこれからどういう課題に取り組んでいかれるんですか？

井戸　戸籍のない人が一人もいなくなるまで、支援を続けるつもりです。それから制度を変えるための活動ですね。とにかく国会に行かなければならないので、政治活動は続けます。実は私、先の衆院選挙で落選したんです……。選挙って本当に魑魅《ちみ》魍魎《もうりょう》の世界で、いつか監督に撮っていただきたい（笑）。これらとは別に、そもそも戸籍って何だろうという根本的な問いかけも、今後もメディアで発信し続けていきます。

構成／砂田明子
撮影／露木聡子

無戸籍問題で悩んだら
《無戸籍問題に強い専門家連絡先一覧》

全国

民法772条による無戸籍児家族の会

http://ameblo.jp/family772
TEL:03-6428-0728(24時間受付・無料相談ホットライン)
E-mail:chappy@abeam.ocn.ne.jp

日本弁護士連合会

〒100-0013 東京都千代田区霞が関1-1-3 弁護士会館15F
TEL:03-3580-9841 FAX:03-3580-9840

日本司法書士会連合会

〒160-0003 東京都新宿区四谷本塩町4-37
TEL:03-3359-4171(代表)

無戸籍問題を考える若手弁護士の会

高取由弥子弁護士・関哉直人弁護士
尾野恭史弁護士・宅見誠弁護士
〒105-0001 東京都港区虎ノ門2-2-5
共同通信会館9F 涼和綜合法律事務所内
TEL:03-3568-2410 FAX:03-3568-2412

東北地方

森田みさ司法書士 よつば司法書士行政書士事務所
〒980-0801 宮城県仙台市青葉区木町通1-8-10
木町通総合ビル5F
TEL:022-399-9427 FAX:022-399-9428

関東地方

南裕史弁護士 リオ・パートナーズ総合事務所
〒100-0014 東京都千代田区永田町2-12-4
赤坂山王センタービル
TEL:03-5156-8883 FAX:03-5156-8884

山下敏雅弁護士 永野・山下・平本法律事務所
〒160-0008 東京都新宿区四谷三栄町3-7 森山ビル東館3F
TEL:03-5919-1194 FAX:03-5919-1196

馬場望弁護士 くくな法律事務所
〒102-0083 東京都千代田区麹町3-10-2
KWレジデンス半蔵門1002号室
TEL:03-6256-9051

東海地方

小澤吉徳司法書士 司法書士法人小澤事務所

〒422-8062 静岡県静岡市駿河区稲川3-3-10

TEL:054-282-6505 FAX:054-282-4885

関西地方

大阪弁護士会 人権課

〒530-0047 大阪府大阪市北区西天満1-12-5

TEL:06-6364-0251

兵庫県明石市役所「無戸籍者のための相談窓口」

〒673-8686 兵庫県明石市中崎1-5-1

市民相談室 TEL:078-918-5002 FAX:078-918-5102

南和行弁護士・吉田昌史弁護士 なんもり法律事務所

〒530-0041 大阪府大阪市北区天神橋2-5-28

千代田第二ビル2F

TEL:06-6882-2501

楠晋一弁護士 京橋共同法律事務所

〒534-0024 大阪府大阪市都島区東野田町2-3-24

第五京橋ビル6F

TEL:06-6356-1591 FAX:06-6351-5429

濱田雄久弁護士 弁護士法人なにわ共同法律事務所

〒530-0047 大阪府大阪市北区西天満2-3-15 千都ビル2F
TEL:06-6363-2191 FAX:06-6363-1468

長谷川京子弁護士 みのり法律事務所

〒650-0023 兵庫県神戸市中央区栄町通6-1-17-301
TEL:078-366-0865 FAX:078-366-0841

参考文献

毎日新聞社会部『離婚後300日問題　無戸籍児を救え！』（明石書店）
澤田省三『ガイダンス戸籍法［出生編］』（テイハン）
澤田省三『家族法と戸籍をめぐる若干の問題』（テイハン）
澤田省三『夫婦別氏論と戸籍問題』（ぎょうせい）
佐藤義彦、伊藤昌司、右近健男『民法Ⅴ――親族・相続〔第2版補訂〕』（有斐閣）
高橋昌昭『新版年表式戸籍記載例の変遷　明治31年～現行記載例まで』（日本加除出版）
二宮周平『家族と法――個人化と多様化の中で』（岩波新書）
水野紀子、大村敦志編『民法判例百選Ⅲ　親族・相続』（有斐閣）
高橋朋子、床谷文雄、棚村政行『民法7　親族・相続　第4版』（有斐閣）
我妻榮『家の制度　その倫理と法理』（酣燈社）
我妻榮『新しい家の倫理』（学風書院）
我妻榮編『戦後における民法改正の経過』（日本評論社）
我妻榮『我妻榮講演集――母校愛の熱弁』（自頼奨学財団理事会）
松野良寅『自雷子物語――我妻榮先生に学ぶ』（我妻榮記念館）
松野良寅編『我妻榮先生』（我妻榮記念館）

稲田朋美『私は日本を守りたい——家族、ふるさと、わが祖国』（PHP研究所）
篠田憲明編『甚遠のおもしろ草子　長勢が書いた梁塵集録』（長勢甚遠著述集刊行会）
早川忠孝『早川忠孝「先読み」ライブラリー第1巻　ねじれの始まり2007参院選』
（PHPパブリッシング）
エマニュエル・トッド『世界の多様性　家族構造と近代性』（藤原書店）
エマニュエル・トッド『移民の運命　同化か隔離か』（藤原書店）

集英社文庫

無戸籍《むこせき》の日本人《にほんじん》

2018年1月25日　第1刷
2022年3月13日　第3刷

定価はカバーに表示してあります。

著　者　井戸《いど》まさえ

発行者　徳永　真

発行所　株式会社 集英社
東京都千代田区一ツ橋2-5-10　〒101-8050
電話　【編集部】03-3230-6095
【読者係】03-3230-6080
【販売部】03-3230-6393(書店専用)

印　刷　大日本印刷株式会社

製　本　ナショナル製本協同組合

フォーマットデザイン　アリヤマデザインストア　マークデザイン　居山浩二

ISBN978-4-08-745692-9 C0195